Oscuros experimentos psicológicos 2

Guillermo H. Pegoraro

Contenido:

"La única forma de descubrir los límites de lo posible es ir más allá de lo imposible". - Arthur C. Clarke

Introducción

Cuando salió a la luz el primer volumen de "Oscuros experimentos psicológicos" no anticipé la repercusión que tendría. Resulta, como muchos me señalaron, que todo aquello que se refiera a la manipulación de la mente humana cala hondo en nosotros; quizás, porque es el bastión que más resguardamos, y el último refugio que deseamos que nos invadan, ya que de él depende nuestra integridad como humanos.

Por aquellas razones, en este volumen regresamos con las investigaciones científicas que, en una lucha por entender la esencia del ser, han logrado grandes avances, pero a veces, a un alto costo en lo ético o moral; o por el contrario, maravillado a la ciencia con la genialidad de sus creadores.

Ya lo hemos visto y citado, en aras de los descubrimientos o desarrollos, los científicos recurren a los experimentos más asombrosos; pero cuando del comportamiento de la psique humana se refiere, ninguna tentativa es sencilla, ya que la mente es difícil de predecir, y es importante tener en cuenta los riesgos, y considerar las consecuencias a largo plazo.

Los postulados éticos modernos, que están guiados por los autores de investigaciones con participación humana, comenzaron a formarse hace mucho tiempo, a partir de los diez puntos del Código de Nuremberg, adoptado en 1947 como respuesta a los monstruosos experimentos médicos de Joseph Mengele en los campos de concentración. Luego vino la Declaración de Helsinki, el informe de Belmont, el liderazgo de las organizaciones internacionales del Consejo de Ciencias Médicas (CIOMS) 1993 y otras declaraciones y resoluciones. Se comenzó a hablar sobre experimentos psicológicos más tarde, y ahora todo el mundo se guía por recomendaciones actualizadas anualmente por la Asociación Americana de Psicología. Lo cierto es que, gracias a estos avances, los experimentos más controvertidos (y simplemente inhumanos) con la psique de humanos y animales, hoy difícilmente pasarían la revisión del comité de ética.

Las experiencias psicológicas son las más locas de todas las llevadas a cabo por científicos: los psicólogos a menudo organizan situaciones o eventos inusuales ellos mismos, y su inventiva solo está limitada por la imaginación. ¿Qué sucede cuando tres personas que piensan que son Jesús se sientan en una habitación? ¿Y cómo reaccionan los elefantes a una gran dosis de LSD? A veces, los científicos se hacen preguntas excéntricas y encuentran respuestas asombrosas.

En otras oportunidades, la ciencia se convierte en una experiencia límite. Por ejemplo, cuando el investigador cuelga a un metro del suelo con una soga alrededor del cuello mientras su rostro se pone rojo, luego azul, su visión se vuelve borrosa y finalmente sus oídos comienzan a silbar. En 1905, el médico forense rumano Nicolas Minovici publicó su "Estudio sobre el ahorcamiento". Para saber cómo se desencadenaba este tipo de muerte, él y sus asistentes tomaron una cuerda cada uno y tras varios intentos trataron de reproducir el mecanismo de ahorcamiento, y así experimentar lo que se siente en esa situación, jugando a la ruleta rusa con sus vidas.

La historia de la ciencia del comportamiento puede parecer una leyenda que los estudiantes de medicina se cuentan por la noche después de su tercera cerveza. En muchas ocasiones, la configuración experimental parece estar tomada de una novela de terror en lugar de un estudio científico; y, sin embargo, el experimento de Minovici y otros, quizás más o menos audaces, se han llevado cabo, dejando de ser solo casos aislados. Una y otra vez se hacen las cosas más absurdas en nombre de la ciencia.

Para las siguientes páginas he seleccionado otros treinta experimentos que han marcado un hito en la historia científica mundial, que nos muestran ese otro costado de la curiosidad humana.

El experimento de Jesús

En 1959 el psicólogo estadounidense Milton Rokeach puso a tres pacientes psiquiátricos en una habitación, todos los cuales creían que eran Jesús. Quería saber en qué creencias se basa la identidad de una persona y qué sucede si una de estas certezas desaparece repentinamente. Durante dos años, el científico se reunió con los tres casi todos los días y observó cómo manejaban la situación. ¿Podría esta absurda contradicción curar a alguno de ellos de su trastorno de personalidad? Al final, el experimento quedó sin un resultado espectacular, porque los tres se apegaron a sus creencias. Sin embargo, el libro de Rokeach "Los Tres Cristos de Ypsilanti" es hoy un clásico literario en psicología.

Los registros cuentan que el 1 de julio de 1959, tres hombres se reunieron en la clínica psiquiátrica de Ypsilanti, Michigan. Se llamaban Clyde Benson, Joseph Cassel y Leon Gabor, pero todos creían que eran Jesucristo. Durante dos años, tuvieron que codearse en uno de los experimentos más extraños en la historia de la psicología.

En el origen de este encuentro, estaba la curiosidad de Milton Rokeach, un psicólogo apasionado por la cuestión de la identidad: Rokeach quería explorar las relaciones entre nuestras convicciones más profundas y la percepción que tenemos de nuestra identidad. ¿Cómo se puede cuestionar nuestra identidad? ¿Y cuáles son los límites?

Para intentar dar respuesta a esas preguntas, Rokeach tuvo entonces la idea de reunir a tres pacientes psicóticos convencidos de ser la misma persona y estudiar sus reacciones. Si la creencia equivocada de alguno de ellos pudiera verse afectada por esta confrontación, entonces tal vez su condición mejoraría.

Lo mínimo que se puede decir es que sus primeras entrevistas no iban en esa dirección: cada uno de los pacientes tenía una buena explicación de la impostura de los otros dos. Para Benson, no estaban realmente vivos, y eran las máquinas dentro de ellos las que hablaban por ellos.

Para Cassel, los otros dos no podían ser Jesús por la sencilla razón de que eran pacientes de un hospital psiquiátrico. Gabor, finalmente, pensó que sus dos camaradas se hacían pasar por Cristo solo por prestigio.

El psicólogo los animó a debatir con regularidad, pero los tres pacientes se aferraron a sus convicciones y, con un estilo poco cristiano, incluso terminaron llegando a los golpes. Un día, Rokeach les mostró un artículo de un periódico local sobre la experiencia que ellos estaban viviendo, y les preguntó qué pensaban. Ninguno de los tres reconoció a los pacientes en cuestión (sus nombres no se especificaban en el artículo), y para Benson estaba claro que el lugar de estos pacientes era un manicomio.

En abril de 1960, Gabor anunció que esperaba una carta de su esposa. Como nunca se había casado, Rokeach vio la oportunidad de ir más allá en la experiencia y comenzó a hacerse pasar por la esposa imaginaria de su paciente enviándole cartas. Gabor obedeció las pequeñas peticiones y consejos que le escribió su "esposa", excepto cuando ella le sugirió que cuestionara su identidad divina.

Fue entonces que Cassel comenzó a recibir cartas falsas del Director del hospital, pidiéndole que cambiara de comportamiento para acelerar su recuperación, pero sin más éxito. Dos años después de su encuentro, los tres Cristos de Ypsilanti apenas habían cambiado sus creencias. Milton Rokeach decidió entonces detener el experimento, concluyendo que estos hombres habían preferido encontrar formas de vivir en paz antes que resolver el problema de su identidad. 20 años después, admitiría que no tenía "ningún derecho, ni siquiera en nombre de la ciencia, a jugar a ser Dios con sus pacientes".

El trueno sobre Oklahoma

El siguiente experimento fue planificado por el Gobierno de los Estados Unidos a través de sus agencias especiales; y como era habitual a mediados del siglo XX, careció de controles éticos y morales, aplicándose sobre sus propios ciudadanos desprevenidos. El experimento conocido como el "boom del sonido de Oklahoma" fue para probar cuánto ruido fuerte podía soportar la gente de la ciudad antes de desarrollar problemas psicológicos. Las pruebas se realizaron en 1964 en residentes de la ciudad de Oklahoma.

Esa no fue la primera vez que el gobierno enviaba aviones para generar distintos efectos y acosar a los residentes, y así medir las consecuencias psicológicas sobre una población civil, pero en el caso de la ciudad de Oklahoma, fue la primera vez que se realizó una prueba a largo plazo, para examinar el impacto en la sociedad y la economía de toda la ciudad. El estudio comenzó el 2 de febrero de 1964 y duró 6 meses. En ese momento, el rugido de un rayo sobre la ciudad se escuchó 1253 veces.

Los organizadores del experimento (NASA, FAA y USAF) incluso crearon una línea telefónica falsa especial a través de la cual se podían presentar quejas. Durante su duración, varias decenas de cristales de los edificios más altos de la ciudad sufrieron daños. Las posteriores protestas y la publicidad del asunto en los medios obligaron a detener el experimento.

Harvard y la creación de un asesino

Una serie de experimentos psicológicos deliberadamente embrutecedores pueden haber confirmado la creencia aún en formación de Theodore Kaczynski en la maldad de la ciencia mientras estaba en la universidad.

El 3 de abril de 1996, 150 agentes del FBI fuertemente armados irrumpieron en una cabaña solitaria en un bosque cerca de Lincoln, Montana, EE. UU. Su residente era un exprofesor de matemáticas de 54 años con un título de la élite de la Universidad de Harvard y una tesis doctoral galardonada. Estos premios le valieron más tarde el título de "el asesino en serie más intelectual de los Estados Unidos".

Ted Kaczynski mató a tres personas e hirió a once, algunas de gravedad, con dieciséis bombas caseras entre 1976 y 1995. Con sus ataques quiso protestar contra el progreso científico y técnico, que en su opinión inevitablemente destruye la libertad del individuo. El FBI lo llamó Unabomber porque sus primeras víctimas trabajaban en universidades y aerolíneas (Universidades y Aerolíneas).

Después de su arresto, el público se preguntó por qué un brillante matemático que tenía una gran carrera por delante estaba construyendo bombas en una choza sin electricidad ni agua corriente. El historiador Alston Chase cree haber encontrado una respuesta a esto en su libro "Harvard and the Unabomber" de 2003

Desde principios de 1960, Kaczynski participó en un experimento de tres años realizado por el científico Henry A. Murray. Murray era profesor en el Departamento de Relaciones Sociales de la Universidad de Harvard, y cuando conoció a Kaczynski como uno de sus sujetos de prueba, su carrera estaba llegando a su fin. Tenía 62 años, había desarrollado una prueba psicológica innovadora (TAT, Thematic Apperception Test), había escrito un libro muy leído al respecto y había probado a los reclutas militares para determinar su idoneidad para misiones secretas.

No está claro cómo se enteró exactamente Kaczynski del experimento. Quizás había visto el anuncio: "¿Estaría dispuesto a ayudar a resolver un problema psicológico específico (parte de un programa de investigación de desarrollo personal en curso) participando en una serie de experimentos y pruebas como asignatura durante el año académico (en el actual salario universitario por hora)?» O tal vez Murray Kaczynski se había elegido a sí mismo. Para el experimento, quería estudiantes de Harvard del primer semestre con personalidades tan diferentes como fuera posible: seguros de sí mismos, adaptados, inseguros. De los 22 jóvenes que seleccionó para el experimento, Kaczynski era el más inseguro según las pruebas psicológicas.

Para proteger la privacidad de los sujetos, Murray le dio a cada estudiante un nombre en clave. Llamó a Kaczynski "respetuoso de la ley". Eso parece irónico, pero no fue inapropiado. Kaczynski pasó desapercibido, no un rebelde. Como hijo de clase trabajadora, se sentía inseguro en Harvard, tenía pocos amigos y sufría las altas expectativas de sus padres. Trabajaba mucho y salía poco.

Murray llamó al núcleo del experimento la "díada", un argumento estresante. La persona de prueba se sentaba en una habitación bien iluminada frente a un espejo unidireccional, a través del cual era observada y filmada. Los dispositivos de medición registraban su pulso y respiración.

Murray les había dicho a todos los sujetos de prueba que otro joven estudiante tendría una discusión con ellos. Lo que les había ocultado: era que el interlocutor no era uno más, sino un elocuente estudiante de derecho a quien Murray había entrenado para molestar a los sujetos de prueba. Este último debería tratar a los sujetos de prueba con rudeza, ridiculizándolos y cuestionando sus filosofías de vida. Murray había obtenido información sobre la cosmovisión de sus víctimas a partir de pruebas y declaraciones personales que formaban parte del experimento. Todos los sujetos de prueba primero intentaron defender su postura, pero tuvieron que rendirse a la argumentación virtuoso-cínica de su oponente y finalmente fueron abrumados por una ira impotente.

Este enfrentamiento fue seguido por una cascada de pruebas y discusiones adicionales. Entre otras cosas, los sujetos de prueba tuvieron que ver la grabación de su argumento y comentar su enojo. En total, cada uno de ellos pasó unas doscientas horas en el experimento.

Aún no está claro qué quería saber exactamente Murray con el experimento. Sus objetivos seguían siendo vagos. Dijo que quería «desarrollar una teoría de los sistemas diádicos» y utilizar los datos para apoyar el desarrollo de la personalidad humana. Pero incluso sus asistentes no sabían a dónde iba esto. Su biógrafo escribió que Murray solo quería ver qué pasaría si una persona atacaba a otra.

El autor de "Harvard and the Unabomber", Alston Chase, sospecha que el experimento de Murray tuvo un origen completamente diferente. Murray se había casado a la edad de 23 años, siete años después conoció a Christiana Morgan, quien también estaba casada, con quien comenzó una turbulenta aventura amorosa para toda la vida. Algunos de sus asistentes anteriores creen que sus experimentos fueron solo un reflejo de esta relación. Poco antes de su muerte en 1988, Murray confirmó indirectamente esta sospecha.

"Me preguntaron por qué Christiana y yo comenzamos nuestra propia díada", escribió, dando las siguientes dos razones: "Quería desarrollar mi teoría en la que dos personas (no solo una personalidad) están unidas en un sistema, un sistema diádico"; y «también queríamos experimentar con diferentes tipos de combinaciones en el trabajo y en nuestro tiempo libre». Murray parecía haber visto su aventura como un experimento.

Fue en su último año en Harvard cuando Kaczynski desarrolló su visión del mundo contra la tecnología. Estaba convencido de que la tecnología y la ciencia amenazaban la libertad de las personas y que sus pensamientos estaban cada vez más controlados.

Después de dejar Harvard, Ted Kaczynski escribió una brillante disertación en la Universidad de Michigan y aceptó una cátedra asistente en la Universidad de California en Berkeley en 1967. En 1969 dejó Berkeley y construyó la cabaña cerca de Lincoln en la que planeó los asesinatos.

El destino del Unabomber fue el texto que envió al New York Times, al Washington Post ya la revista Penthouse el 24 de junio de 1995: un tratado titulado "La sociedad industrial y su futuro", que pasó a conocerse como el "Manifiesto Unabomber". Prometió detener sus ataques cuando se publicara el artículo.

El 19 de septiembre de 1995, el Washington Post imprimió el texto en 56 páginas de periódicos. Poco después, David Kaczynski informó al FBI. Sospechaba que su hermano Ted podría ser el Unabomber. Literalmente, había encontrado algunos pasajes del manifiesto en viejas cartas suyas.

Después de que el público conociera el nombre en clave de Ted Kaczynski, el Centro de Investigación Murray bloqueó el acceso a los datos sin procesar del experimento por tiempo indefinido.

Seducir a la audiencia

Es 1970 se lleva a cabo en el norte de California una conferencia anual sobre aprendizaje permanente. Myron L. Fox, apodado "una autoridad en la aplicación de las matemáticas al comportamiento humano", presenta un artículo titulado: "Teoría de juegos matemáticos aplicada a la educación médica". El público, especialistas responsables de la educación, queda encantado. La conferencia dura una hora, luego de su finalización, la audiencia escribió en la encuesta que habían recibido material inspirador para la reflexión, y el orador fue elogiado por un discurso claro y atractivo.

La farsa, eje del experimento psicológico, era que Fox no sabía nada de teoría de juegos. Fue contratado por un grupo de investigadores: John E. Ware, Donald H. Naftulin y Frank A. Donnelly. El experimento consistió en comprobar si la brillantez del hablante puede ser más importante que el contenido del discurso. Lo más importante es que la conferencia estuvo llena de términos imaginarios, argumentos contradictorios, pero Fox habló de una manera liviana y alegre. John E. Ware practicó durante mucho tiempo el discurso con el actor para quitarle cualquier particularidad. Como él mismo dijo, "todo el problema era evitar que dijera algo significativo por casualidad". Fox estaba seguro de que pronto quedaría expuesto, pero no sucedió nada por el estilo. El experimento se repitió en años sucesivos, generalmente con el mismo éxito.

El experimento suicida

Si bien no ingresa en nuestra categoría de experimentos psicológico, sí nos muestra hasta qué punto pueden llegar los científicos y los sujetos de prueba para encontrar explicaciones científicas.

Nicolae Minovici nació en Râmnicu Sărat, Rumanía, el 23 de octubre de 1868 y murió a la edad de 73 años el 26 de junio de 1941 a causa de una enfermedad que le afectaba las cuerdas vocales.

Durante su vida acumuló un currículum bastante impresionante. Fue un científico forense y criminólogo que se desempeñó en el servicio antropométrico de Rumania, fundador de la Asociación de Medicina Legal de Rumania y editor de la revista rumana de Medicina Legal. Incluso se convirtió en alcalde en algún momento en Băneasa de Bucarest y publicó una investigación sobre los tatuajes y sus conexiones con el comportamiento delictivo, que se convirtió en un éxito instantáneo por alguna razón.

Pero por lo que siempre será mejor recordado es por su investigación sobre los efectos del ahorcamiento en los humanos. Supongo que encontrar voluntarios para un experimento de este tipo no tuvo mucho éxito, así que toda su investigación se llevó a cabo con un solo sujeto de prueba. ¡Él mismo!

Entonces, mientras era profesor de ciencias forenses en la Escuela Estatal de Ciencias en Bucarest, emprendió un viaje para estudiar los efectos que tenía el ahorcamiento en los humanos. Para hacerlo, creó varios dispositivos de asfixia.

Inicialmente, los experimentos lo involucraron colgándose parcialmente en varias posiciones y registrando lo que le sucedía. Al principio, solo pudo aguantar allí unos 5 segundos, pero con experiencia logró resistir durante 25 segundos. Algunos de los síntomas que informó incluyeron alteraciones de la visión, cambios en el color de la piel y zumbidos en los oídos.

Pero para ser justos, estos primeros experimentos no eran nada de lo que presumir. Después de todo, se levantó solo parcialmente y no usó un nudo de constricción como lo hacen en las cortinas reales. Si quería llamarse a sí mismo un hombre de verdad, tenía que ahorcarse como lo hacen los hombres de verdad.

En su último experimento, usó una cuerda con un nudo de verdugo real, metió la cabeza dentro y les indicó a sus ayudantes que comenzaran a tirar de la cuerda. Solo logró soportar el dolor durante cuatro segundos antes de indicar frenéticamente a sus asistentes que detuvieran el experimento. ¡Y sus pies todavía tocaban el suelo!

Esta fue la última vez que Nicolae jugó con cuerdas. Pero su asfixiante investigación no se detuvo allí.

Aunque no pudo encontrar voluntarios dispuestos a ser ahorcados, sí encontró voluntarios dispuestos a sufrir una forma más leve de asfixia:

También realizó experimentos de asfixia en voluntarios aplicando presión sobre sus arterias carótidas y venas yugulares durante hasta cinco segundos, hasta que las caras de sus sujetos se pusieron rojas. Durante sus relatos posteriores al experimento, los voluntarios relataron experiencias como problemas de visión, sensación de calor en la cabeza, así como parestesias como una sensación de hormigueo y entumecimiento en múltiples lugares de sus cuerpos.

El experimento del toro bravo

En su juventud, el neurocientífico español José MR Delgado de la Universidad de Yale había demostrado su valía en la plaza de toros como torero algunas veces, aunque solo con un éxito moderado, como él mismo dice. Para ello, dedicó parte de su tiempo de investigación a los toros furiosos: quería demostrar que un toro también se puede controlar a distancia, y en 1964 colocó un par de electrodos en el cerebro de un toro llamado Lucero que podría activarse a distancia. Unos días después, dejó que el toro se burlara antes de entrar él mismo en la arena. Como era de esperar, Lucero corrió hacia él, pero antes de la colisión, el investigador presionó el botón del control remoto. Esto activó los electrodos en el cerebro del animal; el toro frenó, dio media vuelta y se alejó trotando, la pequeña oleada eléctrica lo había calmado instantáneamente. Los periódicos españoles pronto temieron el final de la corrida, pero Delgado no buscaba eso. Hoy en día, la estimulación eléctrica se usa con regularidad para ayudar a los pacientes con enfermedades neurales como el Parkinson.

El experimento del viernes santo

Es probable que diez estudiantes nunca olviden el servicio del Viernes Santo del 20 de abril de 1962. Sin embargo, el sermón del reverendo Howard Thurman pronunciado en la ocasión no fue lo que les atrajo la atención. Más bien, estaban fascinados por todos los colores que percibían, las voces que escuchaban voces y como se sentían con su entorno. Los estudiantes participaron en un experimento médico de Walter Pahnke y Timothy Leary de la Universidad de Harvard: querían averiguar si los hongos alucinógenos del género Psilocybe despertaban sentimientos místicos similares a los de personas particularmente devotas en trance religioso. El experimento consistió en una selección de veinte estudiantes voluntarios de posgrado en teología del área de Boston que se dividieron al azar en dos grupos. En un experimento doble ciego, la mitad de los estudiantes recibió psilocibina, mientras que un grupo de control recibió una gran dosis de niacina. La niacina produce cambios fisiológicos claros y, por tanto, se utilizó como placebo activo. En al menos algunos casos, quienes recibieron la niacina inicialmente creyeron que habían recibido la droga psicoactiva. Sin embargo, la sensación de enrojecimiento de la cara (enrojecimiento, sensación de calor y hormigueo) producida por la niacina disminuyó aproximadamente una hora después de recibir la dosis, mientras que los efectos de la psilocibina se intensificaron durante las primeras horas.

Mientras que el grupo de comparación (sobrio) se comportó apropiadamente, los otros participantes experimentaron fantasías místicas. Tenían visiones, querían difundir el mensaje de Jesús y se sentían felices y eufóricos. Sin embargo, los estudiantes no solo experimentaron fases felices, sino que también temieron volverse locos o incluso morir.

Experimentos con LSD

¿Qué sucede cuando se drogan las arañas? Tejen redes inútiles o muy caóticas. La investigación del cerebro humano siempre ha cautivado a la ciencia. Y si bien, muchos experimentos se han hecho sobre personas, algunos se han aplicado en animales como antesala. En 1948, el farmacólogo suizo Peter N. Witt inició su investigación sobre el efecto de las drogas en las arañas, observando lo incorrectamente que construían sus redes después.

Las drogas se administraron disolviéndolas en agua azucarada y luego tocando la boca del arácnido con una gota de la solución. En algunos estudios posteriores, las arañas fueron alimentadas con moscas drogadas. Para los estudios cualitativos, se administró un volumen de solución bien definido a través de una jeringa fina. Las telarañas fueron fotografiadas para la misma araña antes y después de la drogadicción.

Entre otras cosas, se usó LSD para esto. Este medicamento desencadena síntomas similares a los que se observan en la esquizofrenia en personas sanas con un uso prolongado. ¿No podría ser, se preguntaban los neurólogos, que sustancias parecidas al LSD estén presentes permanentemente en el cuerpo de los esquizofrénicos y en la orina? Con este fin, en un segundo estudio, los investigadores administraron orina de esquizofrénicos y personas sanas a algunas arañas de laboratorio. Querían ver si la orina afecta a los mosquiteros y de qué manera para desarrollar un método para la detección temprana de la enfermedad. Pero no sucedió nada. No importa de quién provenga la orina, las arañas construyeron sus telarañas como siempre.

El experimento del casco de ciclista

¿Cómo adelantan los conductores a los ciclistas? Los doctores del departamento de Psicología de la Universidad inglesa de Bath, Tim Gamble e Ian Walker quisieron saberlo y comenzaron con un auto experimento. Walker comenzó a circular con una bicicleta equipada con sensores de medición de proximidad por los parajes de Salisbury, con y sin casco, disfrazado de mujer y a diferentes distancias del borde de la carretera. Si el científico estaba en la carretera como mujer, los automovilistas al sobrepasarlo le permitían un promedio de 15 centímetros más de distancia de seguridad, y con casco, Walker pasó 8,5 centímetros más cerca que sin el casco. En general, los resultados demostraron que los conductores exhiben una sensibilidad conductual a aspectos de la apariencia de un ciclista durante un encuentro.

No está claro por qué, pero el científico sospecha que los conductores de vehículos de motor califican a los ciclistas con casco como más versados y con más experiencia y que, por lo tanto, pueden ser adelantados más de cerca. Las distancias de seguridad estaban entre 3,54 metros en el caso máximo y menos de cero. Menos de cero significaba accidente, lo que le sucedió a Walker dos veces; aunque afortunadamente salió ileso gracias al casco.

El experimento de la literatura de los monos

¿Premio Nobel de literatura para un primate? Matemáticamente, es bastante posible. Si un mono simplemente golpea una máquina de escribir durante una cantidad infinita de tiempo y al azar, de acuerdo con los cálculos de probabilidad, al final es casi seguro que reunirá todas las obras de William Shakespeare sin casi ningún error. A la inversa, por supuesto, se puede poner un número ilimitado de monos en tantas máquinas de escribir para acortar el proceso. Esto se puede hacer matemáticamente con el teorema del mono infinito. En 2003, científicos en Paignton Zoo y la Universidad de Plymouth, en Devon, Inglaterra, realizaron un experimento, dejando un teclado de computadora en la jaula de seis macacos durante un mes. Al final, recibieron cinco páginas de texto en las que la letra S dominaba claramente, pero sin rastro de palabras significativas. En cambio, los monos usaron el teclado como inodoro o les arrojaron piedras.

Los gemelos desiguales

Johnny y Jimmy Woods nacieron el 18 de abril de 1932 sin complicaciones: primero Johnny con los pies primero, 16 minutos y 30 segundos después Jimmy en posición normal. La madre Florence Woods tenía 32 años y ya tenía cinco hijos, para quienes su esposo Dennis, como taxista en Nueva York, apenas traía a casa suficiente dinero. La familia recibía asistencia social y vivía en un apartamento sin calefacción en Amsterdam Avenue en Nueva York.

Así que Florence Woods debe haber encontrado la oferta de un experimento extraño como un regalo del cielo: una psicóloga llamada Myrtle McGraw quería estudiar con Johnny y Jimmy cómo las medidas correctivas afectan el desarrollo motor de los niños.

Este proyecto requería que los gemelos pasaran cinco días a la semana de 9:00 a.m. a 5:00 p.m. bajo el cuidado de McGraw o en una guardería, gratuita en el mejor entorno. Además, Johnny y Jimmy recibirían más tarde una beca de la Universidad de Columbia.

Myrtle McGraw estudió se había especializado en el desarrollo infantil en la División Infantil del Centro

Médico Presbiteriano de Columbia en Nueva York. Por ejemplo, fue ella quien descubrió que los bebés en los primeros meses muestran un reflejo de buceo innato que instintivamente los hace contener la respiración cuando se sumergen en el agua. Una de las preguntas que más le interesó fue: ¿Puede influir el entrenamiento específico cuando se dan las etapas por las que atraviesa un infante adolescente en sus habilidades motoras?

Científicos destacados como el psicólogo Arnold Gesell opinaron que el desarrollo motor de los niños sigue un patrón dado por la naturaleza que difícilmente podría acelerarse. McGraw no estaba convencida de esto y se preguntó cómo probar los efectos del entrenamiento temprano.

El método más simple fue observar el efecto de diferentes medidas de apoyo en dos bebés exactamente iguales. Tales seres no existen, pero los gemelos idénticos se acercaron mucho a este requisito. Los gemelos idénticos comparten la misma estructura genética. Si se desarrollan de manera diferente, la razón no puede estar en su naturaleza, sino que debe deberse a influencias ambientales, por ejemplo, las medidas de apoyo de McGraw.

No se sabe en qué circunstancias se conocieron Florence Woods y Myrtle McGraw, pero debe haber sido en el invierno de 1932, después de que la Sra. Woods, embarazada de siete meses, se enteró de que iba a tener dos hijos. McGraw le habrá explicado cómo funcionaría el experimento: desde el vigésimo día después del nacimiento, un gemelo debe pasar por un programa de apoyo riguroso, el otro durante el mismo período, principalmente acostado en una cuna con dos juguetes como máximo. Las pruebas realizadas a intervalos regulares mostrarían lo que estaba haciendo el entrenamiento.

Debido a que Johnny estaba menos desarrollado al nacer y pesaba menos que Jimmy, McGraw lo seleccionó para el programa de apadrinamiento. Recibió lecciones de natación, practicó escalar obstáculos y saltar de pedestales y aprendió a apilar cajas. El efecto no se hizo esperar: a los 15 meses Johnny se lució desde un trampolín de 1,50 metros de altura, a los 17 meses nadó cuatro metros bajo el agua, a los 21 meses subió desde una plataforma de 1,60 metros de altura, y durante 22 meses gateó sin esfuerzo por una rampa de 70 grados.

De todos sus logros, la habilidad de patinaje sobre ruedas de Johnny fue la más asombrosa. En una reunión de la Asociación Estadounidense de Psicología en 1934, McGraw mostró una película en la que patinaba por los pasillos de la clínica. La idea de evaluar el equilibrio de Johnny poniéndolo en patines fue descrita más tarde por McGraw como su mayor error: no porque el método hubiera sido incorrecto, sino porque un bebé en patines era una bendición para los periodistas.

"La mejor edad para aprender a patinar es a los siete meses", dijo a los lectores el Reno Evening Gazette, y el New York Times escribió: "Un niño condicionado es superior". De hecho, los primeros resultados parecían demostrar la eficacia del entrenamiento.

Cuando los gemelos tenían 22 meses, el experimento no pudo continuar de la misma manera. Jimmy se quejaba todo el tiempo y estaba cada vez más insatisfecho con sus restrictivas opciones de juego. En un programa intensivo durante los siguientes dos meses y medio, se le instruyó en todo lo que Johnny había aprendido desde que nació. El resultado fue sorprendente: Jimmy alcanzó a Johnny en prácticamente todas las disciplinas. Después de eso, los dos vivieron en casa, pero acudieron a la clínica para hacerse pruebas periódicas hasta los diez años.

Los principales libros de texto de hoy se refieren a McGraw como una partidaria de la teoría de la maduración. Su experimento mostró claramente que la voluntad de aprender está finalmente controlada genéticamente y que el apoyo temprano en última instancia no aporta ningún beneficio. Solo hay que esperar y dejar que los niños maduren.

McGraw se sintió incomprendida en este respecto porque, en su opinión, no se podían hacer declaraciones generalmente válidas sobre la efectividad de la intervención temprana, "porque las diferentes habilidades se retienen o se pierden de formas muy diferentes". Personalmente, McGraw creía que la mejor coordinación que demostró Johnny en la edad adulta se debía al ejercicio.

La prensa le dio al experimento su propio giro desde el principio. "Johnny es un caballero, Jimmy es un idiota", tituló el Literary Digest de 1933, aludiendo a la inteligencia y personalidad de los gemelos, aunque el estudio de McGraw se centró en el desarrollo motor.

El estudio perdió rápidamente el interés entre los periodistas, tal vez porque no proporcionó respuestas simples, por ejemplo, a la pregunta de si la naturaleza o la educación desempeñaban un papel más importante. La autoridad de la psicología en la crianza de los hijos ha sido cuestionada en muchos artículos.

"El Jimmy 'normal' es superior al Johnny 'científico'", escribió un periódico; otro: "El gemelo normal gobierna sobre 'superbaby'. Los expertos estaban avergonzados de que sus teorías hubieran recibido un golpe, se lee en un artículo. El periódico se refería al hecho de que, si bien Johnny podría ser más inteligente, en casa Jimmy estaba a cargo y "dejaba que su hermano trabajara para él ... Jimmy parece tener todas las habilidades de un gerente y Johnny todas las habilidades de un subordinado".

Los periodistas visitaban a Johnny y Jimmy en casa y los acompañaban en su tradicional salida de cumpleaños al circo cada año. Cuando los gemelos empezaron la escuela a los siete años, el New York Times escribió: "Después de haber sido 'condicionado científicamente' y observado desde la primera infancia, John Woods se vengó de la ciencia ayer exclamando:" ¡Odio la escuela! "

"La prensa se unió para apoyar a Jimmy como si fuera el perdedor en un experimento antidemocrático", escribió Paul M. Dennis, historiador de la ciencia de Elizabethtown College, Pensilvania, quien examinó la cobertura de los medios del experimento de McGraw.

El objetivo central del estudio, distinguir genes e influencias ambientales, no se logró. Más tarde,

McGraw hizo un segundo experimento con dos niñas, Florie y Margie, que seguramente serían idénticas. Los resultados de este estudio no se encuentran en ninguna parte.

Myrtle McGraw permaneció en el Columbia Presbyterian Medical Center hasta 1942, luego se dedicó a su familia durante diez años antes de regresar a la docencia universitaria. Murió en 1988. Poco se sabe sobre Johnny y Jimmy. Johnny supuestamente murió en 1980, según Víctor W. Bergenn, un ex empleado de McGraw, Jimmy aún puede estar vivo.

Efecto Ringelmann

El efecto Ringelmann se refiere a que los individuos gastan menos esfuerzo individual en una tarea cuando trabajan como parte de un grupo que cuando trabajan solos.

Max Ringelmann era un ingeniero agrícola francés que estaba interesado en examinar varios aspectos relacionados con la eficiencia agrícola. Estaba interesado principalmente en las condiciones en las que los animales de tiro, como los caballos y los bueyes, y los hombres, son más o menos eficientes en su desempeño laboral. La investigación de Ringelmann representa algunas de las primeras investigaciones sistemáticas en psicología social. Debido a que también estaba interesado en el proceso mediante el cual los animales y los hombres podrían ser más eficientes, su investigación también representa algunas de las primeras investigaciones conocidas sobre factores humanos.

En algunas de sus investigaciones preliminares, Ringelmann hizo que los participantes masculinos tiraran horizontalmente de una cuerda durante aproximadamente 5 segundos. Los participantes tiraron de ella de manera individual, en grupos de 7 o en grupos de 14. Durante este tiempo, su esfuerzo máximo de tracción se registró mediante un dinamómetro (un dispositivo que mide la fuerza máxima ejercida). Los participantes que tiraron solos ejercieron una fuerza media de 85,3 kg por persona. Cuando los participantes tiraron en grupos de 7 y 14 personas, la fuerza media ejercida por persona fue de 65,0 kg y 61,4 kg, respectivamente. Por lo tanto, a medida que aumentaba el tamaño del grupo, la fuerza promedio ejercida por individuo disminuía. Ringelmann encontró resultados similares cuando se les pidió a los participantes que empujaran una barra transversal conectada a un carro de dos ruedas. Cuando los participantes empujaban solos, ejercían más fuerza (170,8 kg), en promedio, que cuando empujaban junto con otra persona (154,1 kg).

Algunos de los hallazgos más citados de Ringelmann implican examinar el desempeño relativo del grupo en función al número de los integrantes que lo componen. De manera similar a su investigación mencionada anteriormente, el esfuerzo individual disminuyó en función del tamaño del grupo. Por ejemplo, suponiendo que la fuerza total ejercida por un trabajador fue 1.00, la fuerza ejercida por dos a ocho trabajadores fue 1.86, 2.55, 3.08, 3.50, 3.78, 3.92 y 3.92, respectivamente, lo que indica una relación curvilínea entre el tamaño del grupo y el rendimiento. Es decir, a medida que aumentó el tamaño del grupo, la fuerza total ejercida por el grupo disminuyó, pero la diferencia entre los grupos de dos y tres personas fue mayor que la diferencia entre los grupos de cuatro y cinco personas, que a su vez fue mayor a medida que los grupos crecían.

Ringelmann reconoció dos posibles razones que subyacen a esta disminución del rendimiento individual cuando se trabaja en grupos. La primera fue que el efecto fue causado por pérdidas de coordinación. Por ejemplo, dos personas tirando de una cuerda estarían más coordinadas al tirar (es más probable que estén sincronizadas al tirar) que un grupo de siete u ocho personas juntas. Para Ringelmann, esta fue la explicación más probable. No obstante, también reconoció el hecho de que tal efecto podría ser el resultado de una disminución de la motivación. Por ejemplo, con más personas tirando de una cuerda, las personas pueden sentir que el trabajo de sus compañeros de trabajo será suficiente para realizar con éxito la tarea en cuestión, por lo que el esfuerzo individual disminuye como resultado.

Luego, en 1974, nuevos investigadores buscaron comprender mejor el efecto Ringelmann, y efectuaron más experimentos de una manera más controlada, llegando a diversas conclusiones. Se han sugerido al menos dos posibles causas para explicar la disminución de la motivación. La primera es que a medida que aumenta el tamaño del grupo, también aumenta la creencia de un individuo de que otros miembros del grupo podrán realizar con éxito la tarea en cuestión, lo que conduce a una disminución del esfuerzo (es decir, la motivación). Esto se conoce como el efecto de aprovechamiento gratuito. Una segunda explicación para la disminución de la motivación se refiere a la percepción de que otros miembros del grupo no están haciendo su mejor esfuerzo. Como resultado, un individuo reducirá su esfuerzo, en comparación con cuando el individuo está trabajando solo, para no parecer un tonto (es decir, el efecto del tonto).

Desde el resurgimiento de la investigación en esta área, se ha encontrado que varias variables moderan o median el grado en que los individuos tienden a holgazanear mientras realizan una tarea grupal. Algunas de estas variables son la identificabilidad, la relevancia personal, la cohesión del grupo y la interdependencia de tareas. Por ejemplo, es menos probable que los individuos disminuyan su esfuerzo individual dentro de un grupo si creen que su esfuerzo individual es identificable, la tarea grupal tiene alguna relevancia personal para el individuo (es decir, es importante), el grupo es más cohesionado o unido y la finalización satisfactoria de una tarea depende del esfuerzo de todos los miembros del grupo.

Proyecto Aversia. Cuando los psiquiatras se convierten en genocidas

En el siglo XX, se registran innumerables casos de complicidad médica en la represión y brutalidad estatal. Los ejemplos más notorios son con los médicos nazis que participaron en el genocidio y los médicos japoneses que practicaron la guerra biológica. Entre los primeros estaban los psiquiatras, quienes al llevar a cabo el programa de eutanasia de Hitler en sus pacientes parecen haber estado en un estado de completo desorden moral.

La participación de los psiquiatras en la represión estatal ha aumentado, si cabe, desde 1945, siendo el ejemplo más extenso el uso del tratamiento psiquiátrico para la represión de los disidentes en la Unión Soviética. Surgieron prácticas similares en otros estados de Europa del Este, China, Cuba, e incluso se han denunciado abusos psiquiátricos sobre los detenidos en la bahía de Guantánamo.

Durante los años del apartheid en Sudáfrica, el personal médico estuvo involucrado en el abuso de prisioneros; el caso más conocido fue la muerte bajo custodia de Steve Biko. De 1969 a 1987, los psiquiatras de las Fuerzas de Defensa de Sudáfrica estuvieron implicados en graves abusos, derivados de los intentos de curar a los reclutas homosexuales. Las Fuerzas de Defensa de Sudáfrica consideraban que la homosexualidad era subversiva y se imponían penas severas, aunque las actitudes a menudo eran inconsistentes.

La larga historia del tratamiento médico para convertir a los homosexuales en heterosexuales alcanzó su punto máximo en los años setenta. Los resultados fueron poco convincentes, si no desesperados, y la experiencia demostró que ni los pacientes ni los terapeutas lo encontraron satisfactorio. Con la eliminación de la definición de homosexualidad como una enfermedad del Manual Diagnóstico y Estadístico de Trastornos Mentales de la Asociación

Estadounidense de Psiquiatría en 1973, el interés en el tratamiento se desvaneció y se pensaría que el tema era de interés solo para los historiadores.

Estos desarrollos tuvieron poca influencia en los psiquiatras de las Fuerzas de Defensa de Sudáfrica. La militarización de la población blanca se intensificó después del establecimiento de la conscripción universal en 1967. Los médicos y capellanes examinaban las filas de los conscriptos en busca de homosexuales. Amenazados con castigo si no cumplían, fueron ingresados en la sala secreta 22 del Hospital Militar Voortrekkerhoogte, Pretoria. En años posteriores, también se seleccionaron mujeres homosexuales.

Primero se les administró a los sujetos una cruda terapia conductual. Esto consistió en la exposición a fotografías en blanco y negro de hombres desnudos mientras recibían descargas eléctricas y luego veían las páginas centrales de la revista Playboy.

A los homosexuales se los agrupaban indiscriminadamente en el pabellón psiquiátrico con drogadictos, objetores de conciencia, los políticamente poco fiables y los enfermos mentales graves. A menudo eran sometidos a narcoanálisis, lo que muestra una ominosa similitud con la reeducación psiquiátrica en la Unión Soviética. Otros fueron castrados químicamente con dosis masivas de hormonas. Los drogadictos fueron amenazados con transportarlos al remoto Greefswald (más tarde Magaliesoord), considerado poco menos que un campo de trabajos forzados.

Existen relatos de suicidio durante el tratamiento y después del alta. El más conocido es Jean Erasmus, que se suicidó tras brindar información detallada sobre el programa.

La siguiente etapa del tratamiento fue más allá de cualquier base justificable. Se han formulado reiteradas denuncias de que entre 1969 y 1987 aproximadamente 900 hombres y mujeres se sometieron a cirugía de cambio de sexo, el único ejemplo conocido de operaciones de este tipo que se realizan en hospitales militares. Se les entregaron nuevos documentos de identidad, se les dio de baja del ejército y se les dijo que se aislaran de sus familiares y amigos.

Las tasas de bajas fueron elevadas. Los pacientes murieron durante la cirugía y algunos fueron dados de alta antes de que se completara la reasignación, por lo que se requirió cirugía adicional. No se realizó una evaluación preoperatoria o posoperatoria, no se obtuvo el consentimiento informado y se necesitaron regímenes hormonales costosos para mantener la apariencia. Posteriormente, los pacientes solicitaron al ejército una compensación para pagar hormonas o cirugía.

Los rumores de estas actividades circularon durante años, pero los detalles del programa salieron a la luz por primera vez en las audiencias de la Comisión de la Verdad y la Reconciliación con la presentación del Proyecto Aversión, una investigación detallada del trato a los homosexuales en las Fuerzas de Defensa de Sudáfrica por una coalición de grupos, incluido el Consejo de Investigaciones Médicas. En 1995, la

Asociación Médica de Sudáfrica emitió una disculpa pública por las malas acciones cometidas en el pasado.

Experimentos con PES (percepción extrasensorial)

Lawrence LeShan nació en 1920 en la ciudad de Nueva York. Sirvió en las fuerzas armadas, luego en 1954 se le concedió un doctorado en desarrollo humano en la Universidad de Chicago. Fue nombrado jefe del departamento de psicología del Instituto de Biografía Aplicada de Nueva York (1954-64) y fue investigador asociado de la Fundación Ayer de Nueva York (1954-70). Su investigación principal se centró en el cáncer y la terapia, la guerra, el estado de la psicología, la psicoterapia y las experiencias transpersonales.

Deseando tomarse un descanso de su trabajo con pacientes terminales de cáncer, LeShan concibió un proyecto para llegar a un diagnóstico de la "extraña enfermedad", tal como la concibió, de personas sensatas que creían en las afirmaciones de fenómenos paranormales. Ganó la financiación de un año y se dedicó a buscar un "charlatán" para estudiar. Esto lo puso en contacto con Eileen Garrett, una médium de trance nacida en Irlanda que estaba interesada en la investigación psi y que en 1951 estableció la Fundación de Parapsicología en Nueva York con este propósito.

LeShan observó de cerca a Garrett. El científico utilizó un método llamado psicometría, que consiste en darle un objeto a la supuesta vidente, para que lo analice y describa a las personas o incidentes asociados con él. Por cierto, Garret brindo información, en gran parte precisa, sin encontrar una justificación de como lo había logrado. Incapaz de encontrar una explicación, LeShan cambió de opinión acerca de tratar de desacreditar los fenómenos psíquicos y pasó a investigarlos.

En un incidente temprano, Garrett informó de un sueño PES en el que había sido visitada, dijo, por Hereward Carrington, un investigador psíquico y autor recientemente fallecido, instándola a brindar el apoyo que tanto necesitaba a su viuda. LeShan y el personal de Garrett rastrearon la dirección de la mujer en Inglaterra con cierta dificultad y alertaron a la policía local, que la descubrió de mala manera, habiéndose caído y roto la cadera tres días antes.

LeShan también se involucró activamente con la Sociedad Estadounidense de Investigación Psíquica. A finales de la década de 1960 y principios de la de 1970 colaboró con Gertrude Schmeidler, analizando datos de pruebas PES e investigando la interrelación entre la conciencia, la realidad y la percepción paranormal.

En una entrevista de 2011, LeShan afirmó que su contribución más importante al campo de la parapsicología fue el modelado teórico. Por ejemplo, en una monografía publicada en 1969, defendió la existencia de "realidades individuales" alternativas (RI) que son igualmente válidas. Pensó en la RI "sensorial" de la conciencia ordinaria como un estado en el que el mundo consta de objetos separados, la información se obtiene sólo a través de los sentidos y el tiempo fluye del pasado al presente y al futuro. Aquí, las decisiones de una persona pueden afectar el futuro, equivalentes al libre albedrío. Por el contrario, en la IR mística solo hay un 'ahora' eterno y las personas y los objetos están todos interconectados, lo que permite el flujo de información de uno a otro (psi). LeShan consideró que esta IR mística estaba implícita en las teorías físicas modernas de la relatividad general y la mecánica cuántica.

Animales que aprendieron a hablar

Un famoso y notable experimento fue llevado por la Universidad de Stanford (California- EEUU), a cargo de la psicóloga en animales Francine "Penny" Patterson, entre 1971, cuando nació su sujeto de prueba, una gorila de nombre Koko, y el 2018, cuando falleció. Cuando Koko tenía alrededor de 12 meses, la científica comenzó a entrenarla para usar una versión del lenguaje de señas estadounidenses. Sus instructores dijeron que la gorila podía comunicarse con ellos, y transmitir con claridad pensamientos y sentimientos.

Patterson y sus investigadores documentaron que Koko entendía unas 2.000 palabras del inglés hablado. Sin embargo, los lingüistas y científicos escépticos cuestionaron los métodos de Patterson. También debatieron si la comunicación de Koko en realidad provenía de ella misma o de una proyección de los investigadores sobre ella.

Cuando se anunció la muerte de Koko, muchas organizaciones de noticias, incluida la BBC, escribieron titulares como "Koko: Gorila que dominaba el lenguaje de señas" y "Koko, el famoso gorila que aprendió el lenguaje de señas".

Muchos usuarios de las redes sociales la felicitaron por sus supuestas habilidades lingüísticas, pero no todos estaban convencidos de que en realidad estaba usando el lenguaje de señas. Sin embargo, muchas personas quedaron impresionadas por su destreza en la comunicación.

El casco de Dios

Jesse Bering es psicólogo, escritor y académico estadounidense. Es profesor asociado de Comunicación Científica en la Universidad de Otago (donde ocupa el puesto de director del Centro de Comunicación Científica). Un día se levantó con la firme intención de probar la existencia de Dios. Ideó un curioso experimento para dilucidar si esto de creer en existencias divinas, es algo que nos viene desde que Dios (o nuestra madre) nos trajo al mundo o si, por el contrario, es algo que elegimos según las circunstancias.

El experimento consiste en reunir a dos grupos de niños de unos seis o siete años. Al primer grupo se le da una serie de pelotitas, se les hace entrar en una habitación donde hay una diana (punto central de un blanco de tiro) y se les explican las reglas. Se trata de que lancen las bolas lo mejor que puedan, pero situándose detrás de una línea que hay pintada en el suelo, de espaldas y con su mano menos diestra. A los niños se los deja sin compañía de adultos. La realidad demuestra que es prácticamente imposible acertar en la diana. Ante la dificultad y sabiéndose solos, pocos niños reprimen el impulso de hacer trampa, por lo que pasan la línea, se acercan a la diana y le aciertan al centro con la pelotita.

El ensayo continúa con el segundo grupo. La situación es similar. Pelotitas de velcro, diana, línea divisoria en el suelo, de espaldas y con la mano torpe. Sólo un detalle nuevo. En la habitación hay una silla vacía y a los niños se les dice que está ocupada por la princesa Alicia, una bondadosa mujer invisible. Para esa edad los niños ya han dejado de creer en princesas, o casi, por eso la mayoría, sospechando engaño, toca la silla para cerciorarse de que allí no hay nadie. Con la frágil certeza de que la silla es simplemente una silla, a los niños se les deja solos. Y aquí la cosa cambia. Aun no creyendo en princesas ni hadas, los niños de la silla vacía, creyéndose observados, casi no hacen trampa. Según Bering el experimento demuestra que estamos programados para creer en seres superiores.

Resulta inquietante pensar que nuestra mente puede estar programada para crear y creer en presencias intangibles, pero lo cierto es que en arte se trata de una práctica habitual, pues forma parte de la puesta en acción de la siguiente pregunta: ¿Para quién hacemos lo que hacemos? En la soledad de todo proceso siempre hay alguien imaginario que nos acompaña, personas que no están a nuestro lado, pero cuya presencia proyectamos para construir bajo su mirada aquello que estamos creando. La mente pregunta por nosotros: ¿Cómo recibiría tal o cual espectador la obra en ciernes? ¿Lo aceptará? ¿Lo rechazará? ¿Qué cambiaría para que tuviese el impacto necesario en dicho espectador? Parte de la creación se construye a través de ese diálogo que así escrito parece premeditado y artificial, pero que en la práctica se da de forma silenciosa e inconsciente.

En el oficio de la dirección de escena este diálogo imaginario es quizá más elocuente, pues el director, responsable de elaborar de antemano el puente comunicativo entre actores y espectadores, sin contar con la presencia de estos últimos, está obligado a trabajar proyectando su presencia. ¿Qué espectadores imagina el director cuando crea? De aquí sale otra serie de preguntas obvias que definen el formato del espectáculo ¿Es sólo público adulto? ¿Sólo público infantil? ¿De qué edad concretamente? Pero se puede ir más allá, obviando cuestiones de mercadotecnia. ¿Son espectadores de marcado perfil intelectual? ¿Son quizá espectadores más viscerales y emocionales? ¿Espectadores que se ríen fácilmente? ¿Hay algún crítico entre ellos? ¿Algún director de escena que admiras especialmente? ¿Algún artista que no llegaste a conocer personalmente? ¿Algún amigo en especial? ¿Algún familiar? En definitiva, ¿Cuál es la tribu de espectadores imaginarios que te acompañan en la sala de ensayo?

El neurólogo Michael Persinger ha investigado extensamente hasta concluir que la creencia mística del ser humano se debe a una activación de una zona del lóbulo derecho del cerebro. Y para comprobarlo ha elaborado un casco que es capaz de estimular las neuronas de dicha zona. Muchos de los voluntarios que, aislados en una habitación, se ponen el casco, tienen la experiencia de sentirse acompaños por personas o presencias que no están realmente. Persinger piensa que este desarrollo cerebral que nos capacita para creer en presencias imaginarias o divinas corresponde a la lógica de la evolución humana. Cuenta el neurólogo norteamericano que en algún momento el ser humano se hizo consciente de la finitud de la vida, lo cual a su vez le produjo gran ansiedad. Para contrarrestar este desasosiego, en el cerebro se habría instalado la capacidad de creer en algo omnipresente, intangible e infinito, a lo que el ser humano tendría la sensación de estar ligado eternamente. Es decir, que nuestro lóbulo cerebral derecho está diseñado para creer en lo divino y quitarnos así la ansiedad de la muerte.

¿Las plantas tienen emociones?

Jagadish Chandra Bose, fue un excepcional físico y botánico nacido en la India, famoso por sus experimentos para demostrar que las plantas sienten calor, frío, luz, ruido, felicidad y dolor.

Bose estudio ciencias naturales en Cambridge. Allí, le enseñaron los destacados maestros Francis Darwin, James Dewar y Michael Foster. Después de graduarse en ciencias, regresó a la India y fue nombrado profesor de ciencias físicas en el Presidency College de Calcuta. En 1917, estableció el Instituto Bose en Calcuta, donde los científicos llevaron a cabo investigaciones sobre plantas.

Un famoso experimento realizado por Bose en la Royal Society de Londres en 1901 demostró que, al igual que los humanos, las plantas también tienen sentimientos. Colocó una planta en un recipiente que contenía una solución de bromuro, que es venenosa. Usando un instrumento creado por él, mostró en una pantalla cómo la planta respondió al veneno. Se podía ver un movimiento rápido de un lado a otro en la pantalla que finalmente se apagó. Algo similar habría sucedido si se hubiera colocado un animal en el veneno. La planta murió debido al veneno. Llamó a su instrumento crescógrafo y realizó más experimentos. La mayoría de los científicos de todo el mundo elogiaron sus hallazgos. Es conocido por dos libros: "Respuesta en los seres vivos y no vivos" y "El mecanismo nervioso de las plantas".

En 1973, una mujer llamada Dorothy Retallack publicó un pequeño libro titulado "El sonido de la música y las plantas". Su libro detallaba experimentos que había estado llevando a cabo en el Colorado Woman's College en Denver utilizando las tres cámaras de control biotrónico de la escuela. La Sra. Retallack colocó plantas en cada cámara y parlantes a través de los cuales tocaba sonidos y estilos particulares de música. Observó las plantas y registró su progreso a diario. Se asombró con lo que descubrió.

Su primer experimento fue simplemente tocar un tono constante en la primera de las tres cámaras, durante ocho horas. En el segundo, tocó el tono durante tres horas de forma intermitente, y en la tercera cámara, no tocó ningún tono. Las plantas de la primera cámara, con el tono constante, murieron a los catorce días. Las plantas de la segunda cámara crecieron abundantemente y eran extremadamente saludables, incluso más que las plantas de la tercera cámara. Este fue un resultado muy interesante, muy similar a los resultados que se obtuvieron de los experimentos realizados por Muzak Corporation a principios de la década de 1940 para determinar el efecto de la "música de fondo" en los trabajadores de las fábricas. Cuando se tocaba música continuamente, los trabajadores estaban más fatigados y eran menos productivos, cuando se tocaba solo durante varias horas, varias veces al día, los trabajadores eran más productivos y estaban más alertas y atentos que cuando no se tocaba música.

Para su próximo experimento, la Sra. Retallack usó dos cámaras (y plantas frescas). Colocó radios en cada cámara. En una cámara, la radio estaba sintonizada en una estación de rock local, y en la otra la radio reproducía una estación que presentaba música relajante. Solo se tocaron tres horas de música en cada cámara. Al quinto día, comenzó a notar cambios drásticos. ¡En la cámara con la música relajante, las plantas crecían de manera saludable y sus tallos comenzaban a doblarse hacia la radio! En la cámara de rock, la mitad de las plantas tenían hojas pequeñas y habían crecido desgarbadas, mientras que las otras estaban atrofiadas. Después de dos semanas, las plantas en la cámara de música relajante eran de tamaño uniforme, exuberantes y verdes, y se inclinaban entre 15 y 20 grados hacia la radio. Las plantas en la cámara de rock habían crecido extremadamente altas y estaban caídas, las flores se habían desvanecido y los tallos se estaban doblando lejos de la radio. Al decimosexto día, todas las plantas de esta última cámara, salvo unas pocas, estaban en las últimas etapas de la muerte, mientras en la otra, las plantas estaban vivas, hermosas y crecían abundantemente.

El siguiente experimento de la Sra. Retallack fue crear una cinta de música rock de Jimi Hendrix, Vanilla Fudge y Led Zeppelin. Una vez más, las plantas se alejaron de la música. Pensando que tal vez era la percusión en la música rock lo que hacía que las plantas se alejaran de los altavoces, realizó un experimento tocando una canción que se interpretó en tambores de acero. Las plantas de este experimento se inclinaron ligeramente hacia el exterior de los altavoces; sin embargo, no tan extremadamente como lo hicieron las plantas en las cámaras de rock. Cuando volvió a realizar el experimento, esta vez con la misma canción tocada por cuerdas, las plantas se inclinaron hacia los altavoces.

La capacidad de doblar metales con la mente

El término psicoquinesis (anteriormente telequinesis), o PK, se deriva de las palabras griegas "mente" y "movimiento". Junto con la percepción extrasensorial (PES) constituye lo que los parapsicólogos denominan "psi" para describir los dos fenómenos aparentemente y estrechamente relacionados. Sin embargo, la existencia de psi nunca ha sido probada o por lo menos aceptada como parte de la ciencia culta, ya que, a pesar de décadas de investigación, psi sigue eludiendo las teorías físicas y cuasi-físicas de cómo funciona; ya que al parecer opera fuera de los límites del tiempo y el espacio.

PK describe el supuesto poder de la mente sobre la materia, incluidos los actos de "micro-PK" que influyen sutilmente en cómo aterrizarán los dados lanzados, o hazañas "macro-PK" como levitar una mesa o producir los llamados efectos "poltergeist".

La flexión psicoquinética de metales es otro supuesto fenómeno macro-PK.

Parece que el primer actor importante que aparentemente doblaba metales fue el ex modelo de ropa y mago de clubes nocturnos nacido en Israel, Uri Geller (1946). Afirmando ser guiado por súper seres de un planeta distante, Geller pareció leer mentes, doblar llaves y cubiertos con PK, ver con los ojos vendados y realizar otras hazañas, todas las cuales los magos hábiles duplican fácilmente. Normalmente se negaba a actuar cuando los magos observaban, pero, sin embargo, ocasionalmente lo atrapaban haciendo trampa.

Geller pronto fue imitado por otros "psíquicos" que descubrieron que ellos también podían doblar llaves y cucharas. Una fue Judy Knowles, quien impresionó al profesor de física y parapsicólogo de Londres John Hasted con su aparente habilidad, pero cuando se la sometió a pruebas de laboratorio con un control absoluto, al parecer no lograba desarrollar su poder.

A principios de la década de 1980, dos jóvenes estadounidenses, Steve Shaw y Mike Edwards, convencieron a los parapsicólogos en un laboratorio de investigación psíquica en St. Louis, Missouri, de que podían usar sus poderes de PK para mover objetos y doblar metal en condiciones de prueba. En 1983, sin embargo, el dúo reveló que habían perpetrado un engaño, ahora conocido como Proyecto Alfa. Estos habilidosos estafadores habían demostrado que los científicos crédulos podían ser fácilmente engañados como cualquier otra persona.

Telepatía: leer la mente

Si bien Uri Geller fue declarado un impostor que intentaba engañar con sus supuestos poderes psi, lo cierto que en otros sectores resultó muy convincente.

Precisamente fue la CIA la que lo puso a prueba en 1973 para determinar sus capacidades «clarividentes» y «telepáticas, ya que por aquel entonces las organizaciones de inteligencia estadounidenses se encontraban buscando el potencial de los fenómenos psíquicos para aplicaciones de inteligencia militar. Las operaciones en la que se involucró al psíquico israelí llevó por nombre en clave "Proyecto Stargate".

Los experimentadores concluyeron que, "como resultado del éxito de Geller en este período experimental, consideramos que ha demostrado su capacidad de percepción paranormal de una manera convincente e inequívoca".

Los experimentos incluyeron una serie de pruebas en las que se aisló a Geller en una habitación y se le pidió que copiara una imagen dibujada por una persona o una computadora que no podía ver. Aunque falló en la tarea la mayoría de las veces, logró en un par de ocasiones dibujar una copia bastante precisa de la imagen, y en otros casos los agentes encontraron suficientes similitudes para considerar válidos sus esfuerzos.

En un caso, Geller, en una habitación protegida, logró dibujar con precisión un racimo de uvas, que había sido extraído al azar por un agente y pegado con cinta adhesiva al exterior de la habitación.

En otro experimento, un agente, ubicado a un kilómetro de distancia, hizo un dibujo del diablo. Geller pasó casi media hora intentando dibujarlo antes de pasar. Dibujó los Diez Mandamientos, un gusano en una manzana y una imagen compuesta que incluye un tridente.

La CIA concluyó que "uno llega a especular que la representación bíblica en estos tres dibujos es quizás material asociativo provocado por el objetivo. La incapacidad de Geller para atraer al diablo puede ser inducida culturalmente". Los investigadores concluyeron que "se obtuvieron buenos resultados en los cuatro días en los que no había presente ningún observador abiertamente escéptico".

Geller dijo al Daily Telegraph de Gran Bretaña que "estoy alucinado de que hayan publicado esto porque todavía hay programas de visualización remota activos; muchas agencias de inteligencia los utilizan". También dijo que "hice muchas cosas para la CIA. Querían que me quedara frente a la Embajada de Rusia en México y borrara los disquetes que los agentes rusos sacaban en avión. Tuve que acercarme a alguien que firmó un acuerdo nuclear y bombardearlo con 'Firmar, firmar, firmar".

Estados Unidos dirigió el programa de formación de agentes psíquicos por 20 años, como se describe en el libro de Jon Ronson (y la posterior adaptación cinematográfica de George Clooney en 2009) "Los hombres que miran fijamente a las cabras".

La CIA pidió a los investigadores Michael Mumford, Andrew Rose y David Goslin que revisaran los hallazgos de Stargate. Llegaron a la conclusión de que "las visualizaciones remotas nunca han proporcionado una base adecuada para operaciones de inteligencia 'procesables', es decir, información lo suficientemente valiosa o convincente como para que se tomen medidas como resultado". También criticaron la metodología y la precisión de los hallazgos. "Se proporciona una gran cantidad de información errónea e irrelevante y se observa poco acuerdo entre los informes de los espectadores", escribieron.

Los investigadores también afirmaron que "había motivos para sospechar que sus directores de proyecto habían cambiado los informes para que se ajustaran a las señales de fondo". Esto llevó al cierre de todo el proyecto en 1995.

En 2013, el documentalista Vikram Jayanti estrenó su película "La vida secreta de Uri Geller - ¿Espía psíquico?" En el que afirmó que Geller era un agente secreto de la CIA, y posiblemente del Mossad, la agencia de inteligencia israelí. "Uri tiene una reputación controvertida", dijo Jayanti a The Independent. "Mucha gente piensa que es un fraude, mucha gente piensa que es un tramposo e inventa cosas, pero al mismo tiempo tiene un gran número de seguidores y una historia de hacer cosas que nadie puede explicar".

Así mismo, del otro lado del muro de hierro, los experimentos soviéticos se encontraban direccionados hacia los mismos objetivos.

Los experimentos en el campo de la telepatía fueron llevados a cabo a principios del siglo pasado por el académico Vladimir Bekhterev en el Instituto de Leningrado para el Estudio del Cerebro. De igual modo, el ingeniero Bernard Kazhinsky llevó a cabo experimentos similares en el año 1932. Los resultados obtenidos por Bekhterev y Kazhinsky confirmaron la existencia del fenómeno de la transmisión del pensamiento a distancia. El liderazgo científico fue confiado al profesor Vasiliev. Luego de realizar una serie de experimentos, se expresó de la siguiente manera: "Tenemos que admitir que realmente existe un determinado agente físico que establece la interacción de dos organismos entre sí".

Hoy, los científicos son cautelosos con la telepatía. Por ejemplo, la científica de la Academia de Ciencias de Rusia Natalya Bekhtereva (nieta de Vladimir Bekhterev) no excluye que "la telepatía puede ser una de las superpotencias del cerebro humano". También el catedrático de la Universidad Estatal de Moscú el biofísico Alexei Smirnov sugiere: "A distancias cercanas, se puede asumir la existencia de telepatía, ya que el proceso de pensamiento está asociado con los procesos bioquímicos y biofísicos que ocurren en el cerebro. Pueden ir acompañados de radiaciones electromagnéticas y de otro tipo. Por lo general, los físicos que rechazan la telepatía dicen que es muy débil y que a distancias suficientemente grandes su nivel es mucho más bajo que el nivel de ruido, por lo que la señal no se puede distinguir. Otra cuestión es si no hablamos de una señal simple, sino de una señal muy compleja. Quizás el cerebro humano sea capaz de aislar tales señales del ruido circundante.

La inteligencia en animales

Los humanos no son los únicos seres inteligentes de la Tierra. Los elefantes son capaces de reconocerse a sí mismos en el espejo, lo que significa que tienen un rasgo inteligente.

La fase del espejo (en francés le stade du miroir) es un concepto de la teoría del psicoanalista francés Jacques Lacan que designa una fase del desarrollo psicológico del niño comprendida aproximadamente entre los seis y los dieciocho meses de edad. Se trata de aquella etapa en la cual el infante se encuentra por primera vez con la capacitad para percibirse, o más exactamente, determinar que la imagen que observa no es la de otro, sino la de sí mismo. En esta fase, de acuerdo a la teoría lacaniana, se desarrollaría el yo como instancia psíquica.

Generalmente se acepta que hay una especie inteligente en la Tierra: el hombre. Pero científicamente, no todos los criterios coinciden en cuanto a la definición de razón. Con algunos enfoques, puede resultar que haya especies más inteligentes que otras. Por ejemplo, los experimentos con el autorreconocimiento en un espejo muestran que tres especies de monos, delfines y elefantes tienen los rudimentos de la autoconciencia. Stanislav Kozlovsky, científico del Instituto de Psicología de la Academia de Ciencias de Rusia y Doctor en Psicología, ha realizado experimentos al respecto, a los fines de comprender la naturaleza y el origen de la mente.

El científico ha explicado que la "razón" es un concepto bastante amplio, y que hay muchos criterios de razón. Uno de los criterios de racionalidad, la presencia de una psique es la sensibilidad. Razón, en este caso, se entiende como sinónimo de la palabra psique. Sus experimentos con animales han sido muy variados. En cierta oportunidad experimentó con gusanos, a los cuales se los puso en un laberinto en forma de T y se les enseñó a acurrucarse cuando se arrastran por este laberinto, solo hacia el lado derecho. ¡Y los gusanos aprendieron! También hay criterios más complejos.

Por otro lado, y en base al concepto de autoconciencia, se dice que una persona es consciente de sí misma como persona, si entiende lo que es y lo que es todo lo demás. Por eso, es difícil para los animales preguntarles si tienen un sentido del yo; pero la solución llegó en 1960 con una prueba diseñada por Gordon Gallup; quién tomó un chimpancé y, bajo anestesia, marcó su pelaje con pintura roja en el área de la oreja. en la mejilla.

Cuando los chimpancés se despertaron después de la anestesia, los llevaron frente a un espejo, con el cual ya estaban familiarizados. Vieron su reflejo en el espejo e inmediatamente comenzaron a tocarse en los lugares que habían sido marcados con pintura.

Se dieron cuenta de que algo andaba mal. ¿Cuáles son las manchas en mi cara? Inmediatamente fue obvio que, si un mono se mira en el espejo y se agarra a sí mismo, entonces se percibe a sí mismo, recuerda cómo se veía antes, ve un reflejo en el espejo y se da cuenta de que es él. Desde que apareció este artículo, se han realizado experimentos similares con macacos. Resultó que los macacos no perciben su reflejo, perciben a un oponente allí, intentan morderlo. No es posible desarrollar algún tipo de autorreconocimiento.

A finales de la década de los 70, hubo informes de que tal reconocimiento de uno mismo en el espejo se observaba en orangutanes y gorilas, pero otros monos -gibones, macacos, capuchinos- no se reconocían en el espejo. Luego comenzaron a realizar experimentos con otros animales: palomas, gatos, perros, incluso en elefantes, pero nada funcionó, no se reconocieron.

Cuando un perro se ve a sí mismo en el espejo, piensa que es otro perro. Pero como no siente ningún olor, rápidamente pierde interés en la reflexión. Por cierto, hace algunos años una noticia se viralizó en Canadá, fue en el área de Vancouver, donde muchos autos comenzaron a mostrar espejos rotos. Se pensó que se trataba de algún tipo de maníaco en la ciudad, pero de repente alguien notó que el pájaro carpintero volaba hacia los espejos y comenzaba a romperlos metódicamente con su pico. Se recurrió a los ornitólogos, los que dijeron que el pájaro carpintero ve a su rival en el espejo y comienza a pelear con él, y como resultado, rompían los espejos retrovisores.

También surgió la pregunta de si los delfines tienen conciencia de sí mismos. Existe un coeficiente de encefalización: la relación entre la masa cerebral y la masa corporal. Hay muchos animales en los que la masa absoluta del cerebro es mucho mayor que la de una persona, por ejemplo, el cerebro de un cachalote pesa 7-8 kilogramos.

En 2001, se hicieron experimentos con delfines, concluyendo que realmente se reconocen, es decir, detectaban las marcas en sus cuerpos. Quedó claro que además de los chimpancés, los orangutanes y los gorilas, había otras especies de animales, como los delfines, que se reconocen en el espejo.

Los experimentos más interesantes se dieron con los elefantes, ya que estudios previos habían indicado que estos no se reconocían en el espejo. Pero estudios más profundos, señalaron que el problema estaba en la forma de administrar las pruebas, ya que a los mismos se les habían colocado marcas de colores, pero los elefantes no distinguen colores, o bien, les habían provisto de un pequeño espejo, porque tenían miedo de que de repente lo rompieran, se lastimaran o lo pusieran tan lejos que no pudieran alcanzarlo. Esta vez, el zoológico puso un gran espejo de plástico en la jaula de los elefantes y empezaron a observarlos, concluyendo esta vez, que estos animales también tienen la capacidad de autoconciencia.

El experimento en Harvard

El experimento de Harvard Grant es uno de los estudios de mayor duración en la historia de la psicología. A lo largo de 75 años, se han estudiado 268 estudiantes de Harvard. Todos eran hombres blancos de nacionalidad estadounidense. Fueron evaluados durante toda su vida mediante el envío de cuestionarios cada dos años. Se recopiló información sobre varios aspectos de la vida: salud física y mental, carrera y vida personal. Los psicólogos querían saber qué factores contribuyen a un envejecimiento saludable y alegre. La conclusión más importante de la investigación fue sorprendentemente simple: el amor es lo más importante en la vida. Es este aspecto anímico el responsable del sentimiento de felicidad y satisfacción. Durante muchos años de investigación, también se llegaron a otras conclusiones. Se ha descubierto que el alcoholismo es un trastorno extremadamente destructivo (que contribuye al divorcio y la depresión). El análisis de los resultados también permitió determinar que el éxito financiero no depende de la inteligencia, sino de buenas y cálidas relaciones con los demás. También se encontraron correlaciones entre las simpatías políticas y la vida sexual. Los hombres liberales fueron sexualmente activos por más tiempo (hasta los 80 años) que los conservadores (dejaron de tener relaciones sexuales a la edad promedio de 68).

Los psicólogos y científicos siempre estarán intrigados por la mente, los sentimientos y el comportamiento humano. Los experimentos psicológicos nos permiten comprender mejor la naturaleza compleja de nuestra personalidad y los patrones que gobiernan nuestras reacciones.

¿La mente influye sobre la materia?

Hace cientos de años, la electricidad, la radiación y las ondas de radio no eran algo en lo que la gente creyera, y si alguien lanzaba una teoría sobre ellas, era tildado de loco. Hoy en día, la idea de la influencia de la mente sobre la materia, de que la conciencia y el poder de la mente pueden tener un impacto directo sobre los objetos o las personas, se considera una tontería, ¿lo será? o ¿hasta cuándo?

Aquí hay una descripción muy breve de algunas de las investigaciones más interesantes que nos ayudarán a comprender la naturaleza oculta de la conciencia.

- **Experimentos del Dr. William A. Tiller**

El Dr. Tiller, profesor distinguido de ciencia e ingeniería de materiales en la Universidad de Stanford, estudió la mente sobre los fenómenos de la materia. Fue el jefe del departamento desde 1964 a 1998. En el pináculo de su campo, decidió investigar si la conciencia y el poder de la mente podían afectar a los objetos materiales.

Sus experimentos han demostrado repetidamente que el poder de la mente humana puede tener un efecto directo sobre la materia física. Trabajando con meditadores experimentados que, como él los describió, eran "personas altamente orientadas internamente", Tiller les pidió que se concentraran en "imprimir" ciertas intenciones en los dispositivos eléctricos.

Por ejemplo, en un experimento, un grupo de personas colocó su conciencia en un circuito eléctrico que contenía un cristal. Luego implementaron la intención de que el pH del agua subiera o bajara. Los circuitos se envolvieron en papel de aluminio y se enviaron durante la noche a laboratorios de todo el país, se encendieron e instalaron junto a la muestra de agua.

Se aisló la habitación para que no entrara gente y se verificaron cuidadosamente todos los factores ambientales de la habitación. A pesar de las precauciones, las muestras de agua respondieron al poder de la mente, tal como habían sugerido los meditadores. El pH subió o bajó según lo previsto en un pH de 1,5. Las probabilidades de que esto suceda por accidente son de un millón a uno.

El Dr. Tiller también descubrió que, con el tiempo, sus experimentos influyeron en la habitación donde se realizaban los estudios, lo que demostró aún más el poder de la mente sobre la materia. Los sujetos que habían usado su poder de concentración, también habían transmitido sus cualidades a la habitación, por lo que el agua colocada en la habitación después de que se quitó el dispositivo todavía afectaba su PH. Argumenta que la intención puede "cambiar el espacio", por lo que las habitaciones pueden volverse "condicionadas".

Otro de los experimentos de Tiller sobre el poder de la mente en la materia demostró con éxito que la "intención" hacía que las moscas de la fruta crecieran un 15% más rápido de lo normal. Explica que la conciencia y los fenómenos que observó no están limitados por la distancia o el tiempo. Bill Tiller reconoció que la teoría de la relatividad y la mecánica cuántica son categóricamente incapaces de considerar nada que tenga que ver con la conciencia o el poder de la mente. Sin embargo, la mayoría de los científicos no están dispuestos a lidiar con sus hallazgos. Ponen los ojos en blanco e ignoran su trabajo.

- **Experimento repetido con dos rendijas**

Muchas personas con poco o ningún interés en la física cuántica pueden haber escuchado la frase "el observador influye en lo observado". Esta es una referencia al abuelo de los experimentos de física moderna, que habla de la influencia de la mente en la materia, o sea el experimento con dos rendijas.

En resumen, el experimento de la doble rendija funciona así: si un electrón o fotón pasa a través de una rendija, aparecerá como un punto en la película. Puedes pensar en ello como una bala que atraviesa una puerta estrecha y deja un agujero en la pared del fondo.

Sin embargo, si tiene dos rendijas, la partícula hace algo extraño y de alguna manera forma un patrón de onda en lugar de un punto. Si la trayectoria del fotón es reconocible, reaccionan como partículas. Cuando no conocemos el camino, responden en oleadas.

La pregunta es, ¿viaja el fotón a través de una rendija, o ambas al mismo tiempo? ¿Choca consigo mismo en el lado opuesto o está sucediendo algo más? Esta pregunta es imposible de responder, porque en el momento en que los científicos configuran un detector para ver lo que está sucediendo, ya no se ve el patrón de onda, sino que se registra solo como una partícula. Este fenómeno se conoce como colapso de ondas.

La conclusión es que cuando no hay detector, se ve un patrón de onda, y cuando hay un detector, se ven partículas. A esto se le ha llamado el "efecto observador". De alguna manera, el proceso de registrar observaciones con un detector cambia secuencialmente los resultados de este experimento. Suena ridículo, ya lo sé, pero así es la ciencia.

La cultura popular a menudo interpreta esto en el sentido de que cada vez que aparece un observador, cambia el resultado en el nivel cuántico subatómico de la realidad. La mayoría de los científicos no están de acuerdo con esta interpretación y dicen que no estamos hablando de una persona que realiza una observación personal, donde está presente la idea de la mente sobre la materia, sino de la presencia de un detector para observar el evento.

Dean Radin, científico jefe del IONS (Instituto para la Ciencia de la Ciencia fundado por el astronauta Edgar Mitchell), publicó una investigación innovadora que revisa el experimento de la doble rendija y explora más a fondo la posibilidad de la mente sobre la materia y el poder de la mente. ¿Es el "observador" sólo una máquina que detecta fotones, o puede significar una persona capaz de romper una ola?

El Dr. Radin formuló la pregunta fundamental de lo que se llama el "problema de la medición cuántica". Si cambia la forma en que observa las cosas, ¿cambia lo que observa? ¿La conciencia enfocada de una persona afecta la realidad externa? ¿Pueden los meditadores experimentados influir en el experimento de la doble rendija sólo con el poder de la razón? Las implicaciones de esto pueden ser monumentales para la discusión de la mente sobre la materia.

- ## **Experimentos intencionales**

Muchos otros estudios proporcionan evidencia del poder de la mente. Lynn McTaggart, periodista, escritora y editora estadounidense, ha experimentado con miles de personas de 80 países. El experimento con una intención involucró a hasta 10,000 personas basado en el concepto de mente sobre materia. Comenzó con la idea de mostrar que la intención humana afecta la materia. El primer objetivo consistía en ver si los humanos podían hacer brillar una hoja.

Todos los seres vivos emiten fotones, y con una cámara lo suficientemente sensible se puede ver cualquier resplandor de materia viva que emita biofotones. El Dr. Gary Schwartz de la Universidad de Arizona realizó este experimento. Como resultado, la hoja que recibió la "intención" de las personas brilló mucho más que la hoja (objeto de control) que no recibió la intención. Esta prueba de la mente sobre la materia se ha repetido con éxito muchas veces.

En otro experimento se buscó comprobar si la "intención" podía hacer que las plantas crecieran más rápido. Un gran número de personas en Australia enviaron energía a un grupo de semillas. Las semillas cargadas crecieron más rápido. En otra prueba del poder de la mente, hubo un grupo experimental y 3 grupos de control de plantas. Se plantaron los cuatro conjuntos. Descubrieron que las semillas que tenían intención germinaron más rápido. Esto se ha repetido con muchos grupos grandes en todo el mundo, todos demostrando el poder de la mente sobre la materia.

Todos los experimentos anteriores nos dicen que algo profundo ocurre. El problema es que realmente no sabemos mucho más sobre si existe algún tipo de interacción entre la mente y la materia. En palabras de Bob Dylan, "Sabes que está pasando algo, pero no sabes qué es". Si queremos saber más, necesitamos mejores pruebas que nos ayuden a comprender la legitimidad de estos pensamientos en relación con las interacciones materiales.

Psicografía: Escribiendo lo que dictan los espíritus

La escritura automática es una forma de escritura en que no interviene la mente consciente, y lo producido es, o bien una expresión del propio inconsciente del sujeto, o bien, como lo expresan las ciencias alternativas, la expresión de lo comunicado por una entidad externa (fantasmas, ángeles, demonios, o extraterrestres) por medios no físicos, o bien una mezcla de ambas cosas, ya con predominancia de una u otra.

La escritura automática se ha empleado básicamente en tres ámbitos: en la Literatura, en la Psicología, y en la comunicación con entidades espirituales o extraterrestres. En el primer caso, su uso nació con el Surrealismo, en el marco del automatismo, donde pretendía, según André Breton, expresar "el funcionamiento real del pensamiento (...) en ausencia de cualquier control ejercido por la razón"; en el segundo caso, los psicólogos todavía emplean la escritura automática como una forma para que el paciente exprese contenidos psíquicos reprimidos por su mente consciente, los cuales usualmente estarán enmascarados bajo ciertos significantes que el psicoanalista habrá de descifrar; por último, la escritura automática se ha usado desde muchos siglos para manifestar los mensajes de entidades espirituales o extraterrestres, pero su uso recién cobró gran fuerza en el siglo XX, donde se empezó a hablar de "mensajes canalizados" de ángeles (esto es del New Age sobre todo), se escribieron libros hechos bajo ese método como el Libro de Urantia, y apareció en la escena internacional el Espiritismo, creado por Allan Kardec a fines del siglo XIX.

Algunos autores dicen que las mujeres experimentan una incidencia mayor que los hombres en este fenómeno, porque ellas generalmente tienen más tejido conectivo que une los dos hemisferios cerebrales.

En el Espiritismo se suele emplear la expresión "escritura automática" para tres tipos de escritura mediúmnica; sin embargo, solo las dos últimas pueden considerarse como "escritura automática" entendiéndola según el concepto expuesto arriba, y solo la última puede entenderse como tal en la concepción espiritista del término. Esos tres tipos son los siguientes:

• **La escritura intuitiva**

En este tipo de escritura, el aura del médium se cruza con el aura de la entidad emisora o comunicante. Dicha entidad comunica las ideas de forma vaga, general e imprecisa, sin tan solo una palabra concreta que dé cuenta de lo comunicado. Para que el lector comprenda de qué hablamos, esto es semejante a cuando uno va a cruzar la calle y, sin que aparezca una sola palabra en la mente, uno piensa que podría ser atropellado si cruza con el semáforo en rojo. Este es pues un tipo de pensamiento no verbal, que siempre puede expresarse bajo distintos ropajes verbales, pero que a su vez expresa algo definido, cuya complejidad puede ser grande o pequeña. Por todo lo anterior, se dice que en la escritura intuitiva el médium "percibe" las ideas, y posteriormente, con su propio vocabulario e inteligencia, las expresa por escrito; siendo así que, al hacerlo, media la mente consciente, y en consecuencia no se puede hablar de escritura automática, pues en esta última no interviene la mente consciente.

• **La escritura semi-automática**

A diferencia de lo que ocurre en la escritura intuitiva, en esta forma de escritura el médium recibe no solo la idea, sino las palabras que expresan la idea o, dicho de otra manera, recibe mensajes verbalmente expresados. Por esto, aquí el médium no tiene que desarrollar las ideas recibidas, no tiene que interpretar nada, no necesita involucrar a su intelecto-mente-consciente en la modelación de contenidos. Sin embargo, a su vez el médium está consciente de lo que escribe, pero solo en la medida en que lo va escribiendo. Es como si en la mente del médium fuesen apareciendo frases o palabras, aunque no pensadas por él, sino dictadas por la entidad comunicante, a causa de lo cual lo escrito no suele tener signos de puntuación, y evidencia que fue hecho con premura.

En cuanto al movimiento de la mano del médium, éste es voluntario, y es por eso que en el proceso el médium se mantiene consciente, pero esa conciencia solo interviene en el acto físico necesario para expresar el mensaje, y no en el acto mental de elaborar el recado o la forma en que éste habrá de expresarse: por ello, ya aquí puede hablarse de escritura automática, al menos según el concepto del inicio.

- ## La escritura automática

En la clasificación efectuada por Allan Kardec en "El Libro de los Médiums", el médium mecánico es "aquel donde el espíritu desencarnado actúa directamente sobre los centros y nervios motores, sin necesidad de accionar el periespíritu". Así facilita a la entidad para que actúe libremente y sin obstáculos anímicos, pues escriben, pintan y hasta componen música sin la interferencia del médium. En este caso el médium no tiene conocimiento directo del hecho que sucede consigo mismo y el espíritu comunicante actúa con fidelidad. Ahora bien, la escritura automática, en el sentido más restringido que le dan los espiritistas, es la que se ve casi siempre en las secciones de espiritismo, donde los asistentes del médium brindan su apoyo energético para crear un ambiente cargado de energía periespiritual, en el cual habrá de manifestarse con suficiente contundencia la entidad que tomará, con el mecanismo descrito por Ramatis, la mano del médium canalizador, quien estará inconsciente durante el proceso y, solo una vez terminado, sabrá qué fue lo que escribió.

Muchos escépticos creen que el efecto ideomotor puede ser lo que en realidad subyace a la escritura automática. ¿Y qué es el efecto ideomotor? Este puede definirse como el movimiento muscular involuntario, inconsciente, e independiente de los deseos y emociones conscientes, aunque no necesariamente de los deseos y emociones inconscientes, tendiendo, cuando así sucede, a darse de forma tal que satisfaga las expectativas (aquí entran deseos y emociones) inconscientes del sujeto. De este modo, el efecto ideomotor puede explicar a la perfección el funcionamiento de la ouija y de las mesas que supuestamente se mueven solas en las sesiones de espiritismo, tal y como expresa el famoso ilusionista y escéptico James Randi: "De forma inconsciente, la persona mueve la mano lo suficiente para hacer que se produzca el desplazamiento en el dispositivo –ya sea la plancheta del tablero de ouija o un péndulo–, aunque puede atribuir el movimiento a la fuerza divina o sobrenatural en la que cree. En todas las situaciones, no se revela ninguna información que el sujeto no conozca de antemano. El efecto es muy potente sobre algunas personas y da igual las pruebas que se aporten: los creyentes seguirán defendiendo la naturaleza mágica del fenómeno". No obstante, la escritura automática efectuada por los médiums, al menos cuando ésta es completamente automática en el sentido espiritista, y por tanto completamente inconsciente, no puede o no debe contemplarse como el producto del efecto ideomotor, ya que si el sujeto está completamente inconsciente, es improbable que pueda llegar a efectuar toda una serie de movimientos inconscientes que coincidan con un texto con sentido.

Veamos entonces los estudios sobre la escritura automática. Aquí conocemos al psicoterapeuta Pierre Janet, quien ya en 1889 realizó experimentos con pacientes que se suponía que debían escribir medio dormidos, en trance o bajo hipnosis. Si entraban en un flujo de escritura, revelaban con el bolígrafo algunas cosas que previamente habían estado enterradas en el inconsciente. El terapeuta podría entonces trabajar con eso.

El logro de Pierre Janet es aún más asombroso, ya que el padre de toda la psicología, Sigmund Freud, dio a conocer el inconsciente por primera vez a principios de siglo. En cualquier caso, con este ejercicio, Pierre Janes no solo se convirtió en el fundador de la Écriture automatique, sino también en el fundador de un "nuevo sistema de psiquiatría dinámica" y su obra se convirtió en una de las principales fuentes para Freud, Alfred Adler y CG Jung.

La escritura automática continuó en París. Un grupo de surrealistas alrededor de Andé Breton se apresuraron a este método en la década de 1920 y llenaron libros enteros con el resultado de Écriture automatique.

Un caso curioso y que se trata del tercer tipo de escritura automática se reveló en Brasil, a través del médium más reconocido de ese país.

Francisco Cândido Xavier, cariñosamente conocido como Chico Xavier, es uno de los médiums más famosos del mundo. Nació en la ciudad de Pedro Leopoldo, en el estado de Minas Gerais, el 2 de abril de 1910 y falleció en el 2002. Desde niño, Chico Xavier se sintió diferente a sus hermanos y amigos. Él podía ver a los "muertos" y conversar con ellos, mezclando así los dos mundos en una única realidad.

Chico Xavier desarrolló casi todos los tipos de mediumnidad conocidos: psicografía, psicofonía o incorporación, materialización, clariaudiencia, clarividencia, desdoblamiento, xenoglosia, psicometría, sanación, pasista, entre otros. Esta es la razón por la cual se lo considera el mayor médium de todos los tiempos.

En el campo de la psicografía escribió 412 libros, cuyos derechos autorales fueron donados a más de 3000 obras de beneficencia (hogares para ancianos, niños abandonados, hospitales, salas de primeros auxilios, comedores, etc.). Se estima una entrada anual por las ventas en más de dos millones de dólares.

En 1943 aparece el primer libro dictado por el guía André Luiz, La Vida en el Mundo Espiritual (Nosso Lar), que se agota inmediatamente, siendo editado ya cientos de veces y traducido a más de veinte idiomas, incluido el esperanto y el Braille.

Chico Xavier psicografió a cientos de Espíritus, autores fallecidos y famosos, que querían dejar sus nuevos escritos. Muy divulgado fue el caso del autor Humberto de Campos. Sus familiares le hicieron juicio porque querían los derechos autorales, pero Chico ganó.

Asimismo, por medio de psicografías se aclararon casos de asesinato, sentando jurisprudencia en Brasil. El primer caso fue en 1978: Mauricio Garcey Henriques de 16 años, asesinado por su mejor amigo Divino Nunes, quien aducía fuera accidentalmente. Los padres de Mauricio reciben una carta donde les explica el accidente y les pide que liberen a su joven amigo, que era inocente. Este material se anexa al proceso juridicial y el juez basándose en la psicografía de Chico Xavier libera al joven culpado. En 1982, se resuelve otro crimen gracias a las comunicaciones venidas del otro lado de la vida. El diputado federal Heitor Alencar Furtado, de 26 años, es asesinado mientras estaba en su auto y con varios custodios cerca de él. Todos eran sospechosos del asesinato. Heitor envía una carta a través de Chico Xavier explicando que fue realmente un accidente. En ambos casos, la firma del "mensajero" era idéntica a la cédula de identidad.

En la historia de Chico Xavier hay miles de cartas enviadas desde el otro lado de la vida: aclaración de muertes, avisos de bienestar en el otro lado, recomendaciones o consuelo para los que quedaron en la Tierra, siempre mensajes llevando paz y armonía a los corazones sufrientes.

En 1980 se lo propone para el Premio Nobel de la Paz. Pero se lo otorgaron a la Oficina de la ONU por su trabajo con los refugiados. El año anterior lo había ganado la Madre Teresa de Calcuta, con solo 28 obras de beneficencia, Chico tenía 2500 en ese momento.

Los sueños puestos a experimentación

¿Qué hay detrás de los sueños? Seguramente estamos en el camino correcto para descubrirlo.

Los científicos ya han establecido la manera de comunicarse con las personas que duermen. Para ello, estos últimos deben estar en una fase de sueño REM y tener sueños lúcidos.

Una reciente investigación (2021) a cargo del neurocientífico Ken Paller, de la Universidad de Northwestern en Chicago, acaba de demostrar que es posible mantener un diálogo en tiempo real con una persona que está soñando mientras duerme, a pesar de que los sueños suponen una "desconexión" de la realidad, según publica la revista 'Current Biology'. También se ha comprobado que las personas mientras sueñan son capaces de comprender preguntas, y participar en operaciones de memoria y producir respuestas.

Los investigadores estudiaron a 36 personas que tenían como objetivo tener un sueño lúcido, en el que una persona es consciente de que está soñando. El estudio fue inusual en el sentido de que incluye cuatro experimentos realizados de forma independiente utilizando diferentes enfoques para lograr un objetivo similar.

Durante los experimentos, los científicos intentaron "acercarse" a una persona dormida, transmitiéndole información de varias maneras: desde una simple grabación de audio de una pregunta hasta un texto que fue transmitido por "código Morse" en forma de destellos de luz. o toques del cuerpo de un voluntario.

Las observaciones e historias de los participantes en los experimentos confirmaron que los voluntarios escucharon o vieron las preguntas y trataron de responderlas tanto en sueños como en la realidad. Específicamente, los investigadores encontraron que algunos de los participantes del estudio aprendieron a "codificar" las respuestas a las preguntas utilizando movimientos oculares o músculos faciales.

Los científicos obtuvieron resultados similares en los cuatro experimentos, a pesar de las diferencias en los métodos de observación y los participantes. Por lo tanto, Paller y sus colegas creen que, durante el sueño lúcido, una persona continúa interactuando con el mundo que lo rodea. Esto se puede utilizar para estudiarlos.

Hipnosis

En un salón victoriano, un anciano y distinguido caballero deja que su reloj de bolsillo se mueva de un lado a otro frente al rostro de una mujer joven. Su mirada sigue el movimiento pendular. Segundos después, se derrumba en su silla. Responde a las preguntas de manera monótona, con los ojos cerrados. Como si tuviera una orden, la mujer levanta un brazo que parece flotar sin esfuerzo.

Todo el mundo conoce este tipo de representaciones de hipnosis en el cine y la televisión. Tan pronto como surge el término, muchos asocian los relojes de bolsillo de péndulo. No es de extrañar que a menudo se haya descartado la hipnosis como charlatanería. Ahora se usa con bastante éxito para aliviar el dolor crónico, tratar la ansiedad y apoyar la recuperación después de operaciones ambulatorias.

Durante los últimos cuarenta años, la ciencia ha desarrollado herramientas y métodos para distinguir entre hechos y mitos. El estudio de los fenómenos hipnóticos se ha convertido ahora en parte de la investigación cognitiva, que se ocupa del procesamiento, almacenamiento y uso de la información sensorial. Por supuesto, todavía hay espectaculares representaciones teatrales para puro entretenimiento. Sin embargo, nuevos hallazgos científicos muestran que las sugerencias hipnóticas, utilizadas correctamente, pueden influir en procesos cognitivos tan diversos como la memoria y la percepción del dolor.

Para medir adecuadamente este fenómeno, los psicólogos André M. Weizenhoffer y Ernest R. Hilgard, que trabajan en la Universidad de Stanford (California), desarrollaron las llamadas "Escalas de susceptibilidad hipnótica de Stanford" a finales de la década de 1950. Por tanto, la susceptibilidad de una persona a la hipnosis puede determinarse mediante pruebas estandarizadas. Por ejemplo, durante una sesión, se le pide que estire un brazo. Si le dice que está sosteniendo una pelota muy pesada, el brazo debe caer cuando la sugerencia sea efectiva. En otra prueba, el hipnotizador le dice al sujeto que ya no tiene sentido del olfato y luego agita un frasco de amoníaco debajo de su nariz. Si la persona a la que se dirige no reacciona, la sugerencia es evidentemente efectiva; de lo contrario, haría una mueca y retrocedería.

La escala de Stanford va desde cero para las personas que no responden a ninguna de las sugerencias hipnóticas hasta doce para las que son efectivas. La mayoría de las personas se encuentran en el medio de la escala, entre cinco y siete; El 95 por ciento de la población alcanza un valor de al menos uno.

Los estudios basados en la escala de Stanford ahora han arrojado luz sobre algunos principios básicos de la hipnosis. Los sujetos de prueba originales de Hilgard también mostraron aproximadamente la misma susceptibilidad que en la primera prueba después de 10, 15 o 25 años. Algunos hallazgos sugieren un componente hereditario de la hipnotizabilidad: los gemelos idénticos tienen más probabilidades de tener la misma puntuación de Stanford.

La susceptibilidad de una persona a la hipnosis también permanece bastante constante, independientemente del hipnotizador respectivo: su género, edad o experiencia tienen poco o ningún efecto. Sorprendentemente, la motivación de los sujetos de prueba apenas juega un papel: una persona que es altamente susceptible a la hipnosis puede ser hipnotizada bajo una amplia variedad de condiciones experimentales o en una amplia variedad de entornos terapéuticos, mientras que una persona menos receptiva, sin importar cuán difícil sea lo intentan, no reacciona. (Sin embargo, las actitudes y expectativas negativas generalmente pueden reducir la capacidad de hipnotizar).

Una de las grandes sorpresas es que probablemente no haya conexión entre la hipnotizabilidad y los rasgos de personalidad como la credulidad, la histeria, la psicopatología, la confianza, la agresividad, la sumisión, la fantasía o la voluntad de adaptarse socialmente. Sin embargo, parece haber cierta relación con la capacidad de una persona para sumergirse en un libro, escuchar música intensamente o perderse en ensoñaciones.

Solo es un mito es que las personas bajo hipnosis se comportan como autómatas pasivos. Más bien, actúan como solucionadores de problemas activos que integran sus ideas morales y culturales en su comportamiento. Al mismo tiempo, los hipnotizados reaccionan con extrema sensibilidad a las expectativas formuladas por el experimentador. Sin embargo, los sujetos de prueba en realidad no experimentan el comportamiento sugerido hipnóticamente como algo realizado activamente. Por el contrario, la mayoría de las veces se experimenta sin esfuerzo, como algo que simplemente sucede. Las personas que han sido hipnotizadas a menudo comentan sobre su experiencia como "Mi mano se puso pesada y se hundió por sí sola" o "De repente, el dolor desapareció".

Muchos científicos opinan ahora que una reacción tan directa a la sugestión es la esencia de la hipnosis. En respuesta a la sugerencia, los sujetos de prueba se mueven sin querer conscientemente, no perciben un estímulo doloroso u olvidan temporalmente algo que de otro modo siempre sabrían. Por supuesto, algo como esto también sucede fuera de la hipnosis, ocasionalmente en la vida cotidiana o en formas más dramáticas con ciertos trastornos psiquiátricos y neurológicos.

En el laboratorio, la hipnosis también puede producir diversos efectos psicológicos: alucinaciones temporales, compulsiones, pérdida de memoria, recuerdos falsos y delirios. Esto permite que un psicólogo estudie estos fenómenos en voluntarios en un ambiente controlado.

Mientras tanto, también se han disipado algunas objeciones escépticas. Por ejemplo, decir que la hipnosis es solo la expresión de una vívida fantasía. Muchas personas imaginativas son difíciles de hipnotizar; con todo, no se puede demostrar una conexión entre las dos características.

Quienes se oponen a la hipnosis dudan de que pueda aliviar el dolor. Explican los informes correspondientes simplemente por una relajación o un efecto placebo. Los experimentos también hablan en contra de estas suposiciones, incluido el estudio clásico de Thomas H. McGlashan y sus colegas de la Universidad de Pensilvania en Filadelfia en 1969. Los científicos encontraron que la hipnosis era tan efectiva para aliviar el dolor en personas que eran difíciles de hipnotizar como una pastilla de azúcar administrada como una pastilla fuerte para el dolor. Las personas con puntajes altos de Stanford, por otro lado, respondieron tres veces mejor a la hipnosis que al placebo.

Un estudio de Ernest R. Hilgard y su colega Éva I. Bányai de 1976 habló en contra de esta suposición de "alivio del dolor a través de la relajación": De acuerdo con esto, los sujetos de prueba eran igualmente susceptibles a las sugerencias hipnóticas, ya sea en un ambiente relajante o pedaleando duro en una bicicleta estática. (Según la opinión general, una atmósfera tranquila, calmada y ligeramente apagada debería ser beneficiosa para la hipnosis. Los editores)

- **Mejor que los placebos**

En 1997, Pierre Rainville de la Universidad de Montreal (Canadá) y sus colegas intentaron aclarar qué estructuras cerebrales estaban involucradas en el alivio del dolor a través de la hipnosis. En este caso, la PET reveló una amortiguación de la actividad de la corteza cingulada anterior mencionada anteriormente, que está involucrada en la experiencia del dolor. La llamada corteza somatosensorial, en la que se procesan las señales de dolor que llegan del cuerpo, no mostró ninguna reacción. Esto se corresponde con las observaciones de que la mayoría de las reacciones físicas al dolor, como un aumento de la frecuencia cardíaca, no se ven relativamente afectadas por las sugerencias hipnóticas. Muchos científicos ahora defienden la suposición de que la hipnosis bloquea el dolor a través de un efecto en las regiones superiores del cerebro.

Pero, ¿no puede la gente fingir que está hipnotizada sólo para engañar a los científicos? Dos estudios fundamentales también disiparon esta sospecha. En un experimento realizado en 1971 conocido como The Disappearing Hypnotist (El hipnotizador desaparecido), Frederick Evans y Martin T.Orne de la Universidad de Pensilvania compararon las reacciones de dos grupos de sujetos: un grupo estaba formado por personas que se sabía que eran hipnotizables y un segundo grupo de personas a las que se les dijo que fingieran estar hipnotizadas. Un experimentador que no conocía la metodología de la prueba realizó un procedimiento de hipnosis de rutina, pero fue interrumpido por un apagón ficticio. Cuando salió de la habitación para ver si todo iba bien, aquellas personas que solo fingían estar hipnotizadas detuvieron de inmediato su hipnosis: abrieron los ojos, miraron alrededor de la habitación y en todos los sentidos. Las personas realmente hipnotizadas, en cambio, terminaron su hipnosis lentamente y con alguna dificultad ellos mismos.

Los simuladores también tienden a exagerar su papel. A menudo, cuando se les dice a estos sujetos que olviden ciertos aspectos de la sesión de hipnosis, todos afirman con demasiada determinación que se han olvidado todo, o relatan experiencias extrañas que rara vez o nunca son relatadas por sujetos genuinamente hipnotizados. Taru Kinnunen, Harold S. Zamansky y sus compañeros de trabajo de la Northeastern University en Boston, Massachusetts pudieron condenar a los simuladores con pruebas de polígrafo tradicionales. Los individuos realmente hipnotizados generalmente responden a las preguntas sobre respuestas fisiológicas con sinceridad.

Los mitos también incluyen la idea de que la hipnosis permite a los adultos recordar experiencias de su primera infancia. El error proviene del hipnotizado. Por lo general, las personas pueden decir bastante bien si un evento sucedió realmente o solo en su imaginación. Obviamente, una de las pistas más importantes es el esfuerzo mental asociado con la experiencia. Si era alto tendemos a interpretarlo como algo que solo existe en nuestra imaginación y viceversa. Sin embargo, dado que la facilidad es un sello distintivo de la hipnosis, es probable que las personas hipnotizadas tiendan a confundir un evento pasado que solo ha sido fantaseado con un recuerdo real. Estos "recuerdos falsos" también ocurren con mayor frecuencia sin hipnosis.

• Terapia más eficaz para los trastornos psicosomáticos

Entonces, ¿cuáles son los beneficios médicos de la hipnosis? En 1996, un grupo de expertos de los Institutos Nacionales de Salud de EE. UU. En Bethesda, Maryland, evaluó la hipnosis como un método terapéutico eficaz para el alivio del dolor por cáncer y otras afecciones de dolor crónico. Numerosos estudios clínicos también indican que la hipnosis también reduce el dolor agudo, por ejemplo, en el tratamiento de quemaduras o dolores de parto. Un llamado metanálisis (una evaluación de varios estudios) publicado recientemente en una edición especial del International Journal of Clinical and Experimental Hypnosis encontró que las sugerencias hipnóticas redujeron el dolor del 75 por ciento de los 933 participantes en 27 experimentos diferentes. Este efecto suele ser muy fuerte, a veces incluso superando al de la morfina.

En el caso de ciertos trastornos, sin embargo, puede apoyar el efecto de la psicoterapia. En un metanálisis adicional se encontró que los pacientes que recibieron terapia cognitivo conductual e hipnosis para trastornos como la obesidad, los trastornos del sueño, los trastornos de ansiedad y la presión arterial alta mostraron una mejoría más clara que el 70 por ciento de los pacientes tratados solo con psicoterapia. Tras la publicación de estos resultados, la Asociación de Psicólogos de América confirmó la utilidad de la hipnosis como terapia complementaria en el tratamiento de la obesidad.

Los aportes de Gardner Murphy

Gardner Murphy fue un psicólogo norteamericano del siglo XX que estudió personalidad y psicología social. Sin embargo, es más conocido por su investigación en parapsicología.

Murphy fue uno de los primeros investigadores en realizar experimentos científicos sobre telepatía, clarividencia y otros poderes extrasensoriales. Murphy también fue directamente responsable de la creación del departamento de psicología y del laboratorio de parapsicología en la Universidad de Duke.

Murphy argumentó que una conciencia colectiva podría apoyar la teoría de la reencarnación. Según

Murphy, la mente o el alma de una persona podrían sobrevivir en un "campo interpersonal". Además, sostuvo que este campo podría explicar algunos fenómenos paranormales, pero que una conciencia o personalidad individual no continuaría existiendo en este campo. En cambio, la mente de una persona se asimilaría a la conciencia colectiva.

Para Murphy, los fenómenos paranormales eran tan científicos como cualquier otro fenómeno psicológico, y argumentó que había beneficios científicos al recrear contextos en los que era probable que ocurrieran eventos paranormales. También argumentó que la personalidad podría desempeñar un papel en la experiencia de un individuo de los eventos paranormales.

Murphy fue un autor prolífico y se le atribuye la publicación de numerosos libros de psicología. Mucho de lo que escribió todavía se considera como una investigación valiosa y esencial para la enseñanza en el campo de la parapsicología. Murphy también escribió artículos destacando sus teorías sobre psicología social y clínica, personalidad, parapsicología y psicología humanista.

Uno de los casos más sorprendentes que estudio este psicólogo ocurrió en 1963 en el edificio de música de la Universidad Wesleyan de Nebraska. Una mañana, Coleen Buterbaugh, secretaria del Dr. Sam Dahl, estaba buscando a un conferenciante invitado en el primer piso del edificio. Caminando por el pasillo, Buterbaugh recuerda que solo escuchó los sonidos normales de los cambios de clases y de los estudiantes en los pasillos. De repente fue detenida por un olor extraño y fuerte. Por unos segundos vio a una mujer alta con ropa y peinado pasado de moda, que se acercaba a los estantes de una vieja vitrina de música. Buterbaugh también sintió una presencia masculina sentada en un escritorio a un lado. La secretaria miró por una ventana y vio el campus como habría aparecido casi 50 años antes, despojado de edificios modernos y de tecnología. Buterbaugh se dio cuenta de que la visión no estaba en el presente y que, de alguna manera, ella había retrocedido en el tiempo. Más tarde, se determinó que la aparición de la mujer coincidía con la de Miss Mills, quien había trabajado en la universidad como profesora de música desde 1912 hasta su repentina muerte en 1936 en una habitación al otro lado del pasillo de la suite de oficina. Desde entonces, parapsicólogos, psiquiatras y cazadores de fantasmas de todo el país han examinado la evidencia del fantasma de Clara Mills.

Los trillizos de Nueva York

Una historia que parecía hecha para irradiar felicidad, terminó siendo una pesadilla para sus actores. Y es, como ocurre cada vez que la ciencia se involucra de manera despiadada y deshumanizada, que sólo puede acarrear tristeza.

Este experimento salió a la luz recientemente en un documental dirigido por Tim Wardle, titulado 'Three Identical Strangers' ('Tres idénticos desconocidos', en castellano)

La trama se desenvuelve en la vida de tres hermanos (trillizos) que fueron separados al nacer y adoptados por diferentes familias, terminando en circunstancias muy distintas. Sin embargo, una vez que se reunieron, rápidamente se hicieron cercanos e incluso empezaron a hacer negocios juntos, abriendo un restaurante en la ciudad de Nueva York llamado Triplets Roumanian Steakhouse. Eran personalidades muy conocidas y se convirtieron en los favoritos de los medios, no solo debido al misterio de sus orígenes, sino también a la extraña serendipia que supuso su reencuentro.

Finalmente, los hermanos formaron sus propias familias. Como informa el New York Post, Kellman se casó con Janet y tuvo dos hijas (Ali y Reyna), Shafran se casó con Ilene, tuvo una hija (Elyssa) y un hijo (Brandon), y Galland se casó con Brenda y tuvo una hija (Jamie).

Lamentablemente, sin embargo, Eddy Galland, de quien se dice que mostró signos de vivir con depresión, murió trágicamente por suicidio a la edad de 33 años. Los otros dos hermanos, Shafran y Kellman, dejaron de trabajar en el restaurante de su copropiedad. Shafran siguió su vida como abogado, y Kellman trabajando en seguros de vida.

Pero, ¿cómo sucedió todo esto? ¿Cómo terminaron separados tres hermanos idénticos y luego reunidos? Three Identical Strangers explora esta triste e impactante epopeya, así como la sensación mediática que causó y los oscuros secretos detrás de todo.

Algo impactante de esta historia es que ninguna de las familias adoptivas tenía idea de la existencia de los otros hermanos. Si no hubiera sido por un encuentro casual entre Shafran y un ex compañero de habitación de Galland en el colegio, tal vez ninguno de los detalles de esta historia hubiera salido a la luz. Ni las otras subtramas impactantes que reveló.

Durante el curso de los Tres Extraños Idénticos, los espectadores descubren que los chicos fueron separados a propósito. Nacieron en Long Island en 1961 y fueron dados en adopción a una agencia llamada Louise Wise Services. Es allí donde el conocido psicólogo Peter B Neubauer se apoderó de la vida de los bebes, y a modo de la película "The Truman Show" registró sus vidas durante años, a través de un experimento ultrasecreto para comparar la variable naturaleza versus crianza. Los trillizos no fueron las únicas víctimas de este experimento, ya que varios otros niños idénticos fueron separados y estudiados a lo largo de su infancia. A las familias adoptivas simplemente se les dijo que sus hijos debían ser parte de "un estudio de desarrollo".

Los resultados del experimento nunca se publicaron, ni tampoco las identidades de las "organizaciones benéficas privadas de Washington" que lo financiaron.

El dilema de Heinz

Laurence Kohlberg fue un psicólogo estadounidense y doctorado en filosofía, que trabajó en la Universidad de Harvard. En 1958 presentó su tesis doctoral acerca del desarrollo del juicio moral, del cual creía que era un proceso de por vida.

Kohlberg presentó difíciles dilemas morales a niños de todas las edades para confirmar sus estimaciones.

El psicólogo les contó a los niños la historia de una mujer que padecía de una enfermedad terminal: cancer. Y ahora, afortunadamente, un farmacéutico supuestamente había inventado un medicamento que podría ayudarla. Sin embargo, pidió un precio enorme: $ 2,000 por dosis (aunque el costo de producción del medicamento fue de solo $ 200). El esposo de la mujer, de nombre Heinz, pidió dinero prestado a amigos y recaudó solo la mitad de la cantidad, $ 1,000.

Cuando fue al farmacéutico, Heinz le rogó que le vendiera el medicamento a su esposa moribunda a un precio más bajo o al menos a crédito. Sin embargo, el otro le respondió: "¡No! Creé una cura y quiero hacerme rico". Heinz cayó en la desesperación. ¿Qué había que hacer? Esa misma noche, entró secretamente a la farmacia y robó la medicina. ¿Lo hizo bien Heinz?

Este es un dilema. Curiosamente, Kohlberg no estudió las respuestas a la pregunta, sino el razonamiento de los niños. Como resultado, identificó varias etapas en el desarrollo de la moralidad: desde la etapa en que las reglas se perciben como verdad absoluta, y termina con la adhesión a los propios principios morales, incluso si son contrarios a las leyes de la sociedad.

La teoría de la mala interpretación de la excitación

La teoría de la mala interpretación de la excitación señala que a veces atribuimos las causas de lo que sentimos o experimentamos a factores no relacionados. Esto se demostró en un experimento clásico realizado por los psicólogos Donald Dutton y Arthur Aron.

Este es uno de los grandes clásicos del mundo de la psicología. La teoría está relacionada con la atracción entre dos personas y nos ayuda a comprender lo sorprendente que puede resultar el cerebro humano.

La atracción y el amor son emociones complejas que involucran elementos emocionales, aprendizajes y actitudes. Pero también entran en juego otras cosas: las hormonas y los neurotransmisores.

El experimento de Dutton y Aaron muestra cuán engañosas pueden ser las "mariposas en el estómago" La verdad es que lo que condiciona la atracción a veces es más la química cerebral que el gusto personal.

La teoría de la mala interpretación de la excitación es una derivación de la teoría de la atribución postulada por el psicólogo austriaco Fritz Heider en 1958.

De acuerdo con la teoría de Heider, naturalmente tendemos a imputar atributos casuales a los eventos/cambios que presenciamos. En otras palabras, nos interesa saber por qué la gente hace lo que hace y por qué sucede todo. Esto es algo que hacemos automáticamente. El punto es que no nos detenemos a pensar en cuán válidos son realmente estos atributos.

La teoría de la mala interpretación de la excitación postula que estamos sobredimensionando los estados internos de las personas para saber cómo actuar. Por ejemplo, puede ser la personalidad, en lugar de notar otros factores externos. Cuando explicamos nuestro propio comportamiento, en cambio, damos más valor a los factores externos que a las motivaciones internas.

El fenómeno de la disonancia cognitiva también expresa esto. Por ejemplo: si nos encontramos en una situación en la que dos de nuestras creencias o patrones de comportamiento están en conflicto entre sí, tendemos a pensar en razones para armonizarlas.

El experimento, que realizaron Donald Dutton y Arthur Aron, se conoce comúnmente como el estudio del puente colgante de Capilano. Como su nombre lo indica, los dos psicólogos utilizaron dos puentes reales para probar su punto. El primer puente era pequeño, sólido y moderno. El otro estaba ubicado en el Cañón de Capilano (Vancouver-Canadá) a 70 metros del suelo. Era un viejo puente que se mecía con el viento, y temblaba a cada paso.

Había dos grupos de hombres. Dutton y Aaron pidieron a cada grupo que cruzara uno de los dos puentes. Ambos grupos de hombres se encontraron con una mujer muy atractiva en medio del puente. Les dijo que estaba realizando un estudio de paisajes, lo que era una excusa para pedirles que describieran partes de lo que vieran. Luego del experimento, y a los que le habían referido haber visto a la mujer, los experimentadores le daban el número telefónico de la muchacha.

¿Cuál fue el resultado? Los hombres que cruzaron el puente corto y seguro apenas se preocuparon por la mujer. Quienes optaron por cruzar el peligroso puente llamaron a la mujer y se sintieron muy interesados en ella. ¿Qué hay detrás de estos dos patrones de comportamiento diferentes?

Lo que este experimento ha permitido verificar es que el cerebro a veces puede ser muy engañoso. Quienes cruzaron el puente peligroso sintieron más adrenalina en comparación con quienes cruzaron el puente seguro.

Por lo tanto, podemos suponer que encontrar una mujer atractiva en medio de su viaje tuvo un efecto muy positivo en ellos. Esto, a su vez, indujo a un error en determinar la verdadera razón por la que se sentían atraídos por la mujer.

La teoría de la disonancia cognitiva se aplica perfectamente en este caso. El sentimiento de miedo vino en confrontación con el estímulo de una mujer atractiva.

Los voluntarios del experimento tenían una mezcla de emociones: una dosis de adrenalina junto con la actitud coqueta de la mujer resultó en una fuerte atracción hacia ella. En resumen, las dos emociones se unieron y llevaron a ese resultado.

Se ha comprobado que las personas en situaciones de riesgo tienden a formar conexiones más comprensivas con las personas cercanas. Esto, por supuesto, se refiere a riesgos controlados, no a riesgos extremos. Cuando la situación es terrible o causa pánico, sucederá lo contrario. En este caso, la persona los verá a su alrededor como una amenaza y, por lo tanto, se inclinará a rechazarlos.

Epigenética: ¿Se pueden heredar las tragedias?

Casi todas las generaciones han experimentado adversidades: guerras, hambruna, genocidio o crisis económica severas.

La teoría es que estas experiencias negativas pueden dejar un rastro genético en la persona afectada y transmitirlo a la siguiente generación. Los estudios en animales lo han demostrado.

Pero la investigación en humanos puede ser poco ética, por lo que es muy difícil determinar por qué y cómo podemos heredar las tragedias.

• Primer enfoque: psicología social

Los más notables son los experimentos masivos en psicología social. Los resultados son realmente reveladores. Estos estudios, que se han realizado durante generaciones, muestran cómo se pueden heredar las tragedias, al igual que lo hacen los animales.

La psicología social no puede determinar los genes involucrados, pero existe un patrón de herencia dividido por género. Este es un descubrimiento revolucionario para la psicología, la sociología y la genética.

El Dr. Torsten Santavirta de la Universidad de Uppsala ha descubierto que los descendientes de los niños que fueron evacuados de Finlandia durante WW2, tuvieron mayores tasas de hospitalización por problemas psicológicos que los descendientes de niños que no se vieron involucrados en ese conflicto bélico.

El estudio mostró que esto mayoritariamente afecta a las niñas. Esta peculiaridad puede deberse al hecho de que la enfermedad mental es más común en niñas que en niños. Pero, aun así, la coincidencia es asombrosa.

"El riesgo psiquiátrico que se transmitió a la siguiente generación es preocupante y es necesario considerar los riesgos potenciales al formular políticas de protección infantil". -Dr. Torsten Santavirta-

- **Soldados confederados**

Otro estudio de descendientes de soldados confederados que habían estado en campos de prisioneros de guerra en Georgia tiene ciertas similitudes con el realizado en Finlandia.

Los hijos de los prisioneros supervivientes tenían vidas más cortas que otros veteranos de guerra que no habían sido encarcelados. Algunos de ellos incluso murieron antes de que sus hermanos mayores nacieran antes de la guerra. Esto puede significar que los hijos pueden haber heredado el trauma de sus padres.

"Existe una transmisión intergeneracional de rasgos humanos que puede ocurrir a través de métodos bien conocidos como el patrimonio genético, el patrimonio cultural o el patrimonio del conocimiento". -Neil Youngson-

- **Víctimas del Holocausto**

Los nietos de las víctimas de las tragedias del Holocausto se pueden analizar desde la epigenética. Mount Sinai Hospital Center, en Nueva York, estudió la composición genética de un grupo de judíos que había estado en campos de concentración y la comparó con sus hijos.

El estudio se centró en un gen específico que regula las hormonas del estrés. Resultó que los supervivientes, así como los genes de sus hijos, se habían visto afectados por el trauma heredado.

Se realizó un análisis por separado para descartar la posibilidad de que los niños, la segunda generación, pudieran haber alterado el gen en relación con su propia experiencia traumática.

En todos estos estudios, se ha hallado una diferencia de género en la epigenética, y que hasta ahora resulta inexplicable. Así como el trauma, en casi su totalidad, solo se ha transmitido a las hijas, como es el caso de Finlandia, esto es lo opuesto a los prisioneros de guerra. Parece que el trauma fue heredado por los hijos varones.

Estos estudios sitúan el tema de la salud física y mental bajo una nueva luz. Parece que los humanos realmente podemos heredar las dificultades que tuvieron nuestros antepasados. Aunque parece haber más preguntas que respuestas.

######

Acerca del autor:
Guillermo Horacio Pegoraro (Córdoba – Argentina, 1966). Licenciado en Comunicación Social. Licenciado en Psicología. Autor de libros con relatos psicológicos como: "Delirios de un psicólogo", "Sin códigos", "Cápsula del tiempo", "Talón de Aquiles", "Te perdono", "Zapatitos de cristal", "Maldito YO interior"; novelas: "La leyenda de Christ", "El ángel ruso" y el primer volumen de "Oscuros experimentos psicológicos". Ha recibido diversas menciones y premios por su trabajo en certámenes literarios del ámbito internacional.

######